Adolf Hasenclever

Die Berührung und Verwertung des Gewissens

in den Hauptsystemen der griechischen Philosophie

Adolf Hasenclever

Die Berührung und Verwertung des Gewissens
in den Hauptsystemen der griechischen Philosophie

ISBN/EAN: 9783743459144

Hergestellt in Europa, USA, Kanada, Australien, Japan

Cover: Foto ©Thomas Meinert / pixelio.de

Weitere Bücher finden Sie auf **www.hansebooks.com**

Die
Berührung und Verwerthung
des Gewissens
in den Hauptsystemen der
griechischen Philosophie.

Inaugural-Dissertation,

der

hohen philosophischen Facultät an der Albert-Ludwigs-
Universität Freiburg i. Br.

zur

Erlangung der philosophischen Doctorwürde

eingereicht von

R. A. Hasenclever,

Evang. Stadtvicar in Freiburg i. Br.

Karlsruhe.
Druck der G. Braun'schen Hofbuchdruckerei.
1877.

Zu den vielen populären Begriffen, die, sobald sie wissenschaftlich fixirt werden sollen, fast ein Chaos von Definitionen hervorgerufen haben, gehört auch der Begriff des Gewissens. Es ist daher erklärlich, daß selbst ein Denker wie Richard Rothe, der in seiner tiefsinnigen Speculation vor keiner Aufgabe logischer Begriffsbestimmungen zurückschreckt, den Gebrauch des Gewissensbegriffs für die Wissenschaft preisgeben und ihn ganz der populären Sprache überlassen will (Ethik II § 177). Ob aber eine solche wissenschaftliche Verzweiflung gerechtfertigt ist, dürfte doch immerhin noch fraglich sein. Das Gewissen ist nun einmal eine empirische Erscheinung des menschlichen Seelenlebens und muß daher wie jede andere der wissenschaftlichen Fixirung fähig sein. Rothe hat daher auch, wie er selbst zugibt, eigentlich nur den Namen, nicht den Begriff des Gewissens in seiner speculativen Ethik preisgegeben, dasselbe nimmt der Sache nach in seinem ethischen System eine eben so wichtige Stellung ein wie in jedem andern. Es scheint auch nicht, daß die wissenschaftliche Welt in der Preisgebung jenes Begriffes Rothe beigepflichtet hat, wenigstens sehen wir in den letzten Jahren den Gewissensbegriff vielfach wissenschaftlichen Untersuchungen unterzogen; Schenkel hat sein dogmatisches System auf diesen Begriff aufgebaut, eingehende Specialuntersuchungen sind demselben gewidmet worden, wie die von Rudolf Hofmann in Leipzig und Gaß in Heidelberg. Insbesondere hat auch der Versuch der modernen materialistischen Philosophie, die Gewissensthatsache in die Kette der mechanischen Weltentwicklung einzureihen, zahlreiche Erörterungen hervorgerufen, so daß in der Fluth von Schriften, die dem Problem der materialistischen und idealistischen Weltanschauung gewidmet sind, kaum in einer die Behandlung der eigenthümlichen Erscheinungen des Gewissens fehlen dürfte. Es mag daher nicht ohne Interesse sein, die hervorragendsten Leistungen der antiken Wissenschaft, die Systeme der griechischen Philosophie, über diesen Punkt zu vernehmen. Näher kann es sich bei dieser Aufgabe nur darum handeln, jene Systeme darauf hin zu prüfen, in wie weit die Thatsache des Gewissens in den psychologischen und ethischen Deductionen derselben mit in Rechnung gebracht ist. Diese Systeme haben ja, wie jeder Kenner der griech. Philosophie weiß, keinen eigentlichen Gewissensbegriff, ja nicht einmal einen dahin gehenden Ausdruck, aber das beweist nicht, daß die Sache selbst nicht wohl erkannt gewesen und verwerthet worden sei. „Man findet doch," — sagt Stäublin in seiner übrigens höchst primitiven „Geschichte der Lehre vom Gewissen" S. 6 — „gewisse Vorstellungen, Darstellungen, Schilderungen, Bemerkungen bei den Dichtern, Philosophen, Rednern, Geschichtschreibern, welche ungemein merkwürdig sind und schon zum Theil tief in die Natur des Gewissens eindringen." So bemerkt auch Gaß (Die Lehre vom Gewissen S. 15), daß nicht Hervorbringung, sondern Wiederherstellung, Erweckung und Erneuerung des sittlichen Grundstrebens die allgemeine Rubrik bilden, welcher auch die Erscheinungen des christlichen Geistes, wie die Geschichte sie vorführt, eingeordnet werden müssen. Wenn daher die Worte Trendelenburg's (Naturrecht auf dem Grunde der Ethik § 39) gewiß wohlbegründet sind: „Die Bezeugungen des Gewissens sind in den inneren Regungen des Menschen so alt als die menschliche Geschichte und vor den eigentlich positiven Religionen, in Kain z. B. wie in Orestes, sichtbar" —, so kann dem gegenüber unmöglich bestehen, was Hegel bemerkt (Vorlesungen über Aesthetik I, S. 358), daß unter die Kategorien des Sittlichen, welche den Griechen „durchaus fremd" gewesen seien, auch das Gewissen gehöre, daß „die Entscheidung dessen, was gut und schlecht sei, Gewissensbisse und Reue, erst der moralischen Ausbildung der modernen Zeit angehören". Den Beweis für die Unrichtigkeit dieses Satzes und für die Wahrheit des Vorhergehenden wird unsere Untersuchung zu führen haben.

Wir können bei dem Umfang dieser Arbeit unmöglich eine längere Erörterung über das Wesen und die Ableitung oder Entstehung des Gewissens im Menschen hier vorausschicken. Nur folgende kurze Bemerkungen mögen genügen. Zunächst ist zu constatiren, daß das Gewissen nicht als eine besondere Fähigkeit des Seelenlebens neben den andern gefaßt werden darf. Die Unmöglichkeit einer abstracten Setzung desselben im Seelenleben erhellt sofort gegenüber der Thatsache, von der man bei Bestimmung seines Wesens nothwendig ausgehen muß, daß nur auf dem Boden der praktischen Lebensthätigkeit das Gewissen überhaupt in Frage kommen kann, und zwar in Thätigkeiten, die ebensowohl in dem Gefühl wie in dem Denken wie in dem Wollen des handelnden Subjects ihre Wurzel haben. Die Erscheinung des Gewissens erstreckt sich also auf das ganze Gebiet der sittlichen Lebensthätigkeit, jenes äußert hier ungehemmt seine Wirkungen als das „unmittelbare Bewußtsein und damit Wissen dessen, was wir in jedem Falle zu thun und zu lassen haben" (Ulrici: Gott und der Mensch I, S. 634 II S. 105 ff.).

Die Art dieser Wirkung ist aber eine solche, daß sie nicht als ein Act der Willkür oder als Resultat eines Nachdenkens erscheint, sondern sie ist etwas Unwillkürliches und Unvermitteltes: das Gewissen überlegt nicht, sondern es entscheidet, und zwar entscheidet es „in letzter Instanz und ist inappelabel" (Fichte: Sittenlehre S. 226). Mit dieser Entscheidung tritt es aber auf sowohl schon bei der bloßen Richtung, welcher unser Wille im sittlichen Thun sich zuwenden möchte, als auch nach Vollendung einer Thätigkeit: das Gewissen ist normgebend, verbietend oder gestattend, und sein Urtheil wird zu einem Richten oder Verurtheilen. Es ist daher die Sache nicht in ihrem ganzen Umfange gewürdigt, wenn Schopenhauer (Die beiden Grundprobleme der Ethik S. 169) das Gewissen als ein Wissen des Menschen nur für das, was er gethan hat, als ein „Protocoll" unserer Handlungen auffaßt. Die die Handlungen richtende Thätigkeit des Gewissens kommt uns freilich am stärksten zum Bewußtsein, vorab wo das Urtheil verwerfend ausfällt — und dies finden wir ja ganz besonders in der antiken Welt —, aber eine begriffliche Bestimmung des Gewissens hat, wenn sie nur diese Seite ins Auge faßt, die Funktionen desselben nicht erschöpft.

Die Thätigkeit des Gewissens ist zunächst subjectiv und individuell: nicht als ein gesetztes und geordnetes, vielmehr als ein setzendes und ordnendes kommt es uns zunächst in der empirischen Wirklichkeit zum Bewußtsein. Aber damit soll nicht gesagt sein, daß sein Zeugniß von unserm subjectiven und individuellen Belieben abhängt: im Gegentheil, so sehr sein Zeugniß nur für uns persönlich gültig ist, gerade in dieser stricten Verbindlichkeit für unsere Person ist uns ein objectiver Wahrheitsgehalt gegeben, der, wie ja auch die Erfahrung lehrt, als solcher unwillkürlich sich uns aufdrängt, ob wir wollen oder nicht, und die Unterordnung der einzelnen Handlungen unter seine Entscheidung gebieterisch verlangt. Die Objectivität des Gewissens liegt in seiner stricten Verbindlichkeit, und auf welche Weise dann nun auch der weite Weg zur Anerkennung einer gemeinsamen Norm in Folge von Austausch, Mittheilung und Belehrung zurückgelegt worden sein mag — er liegt ja jenseits aller Erfahrung —, so viel ist gewiß, der Einzelne wird doch nur dadurch zum mitfühlenden und mitbestimmenden Theilnehmer der sittlichen Gemeinschaft, daß er an die in ihm selbst gegebenen subjectiven Wahrnehmungen anknüpft; nur durch Aufnahme der letzteren hat sich überhaupt eine sittliche Tradition gebildet und ist eine sittliche Belehrung und Erziehung möglich geworden.

Darnach wird sich denn auch die Frage nach dem Ursprunge der Gewissensthatsache entscheiden. Bekanntlich pflegt die supranaturale Theologie des Gewissens unmittelbar auf eine göttliche Eingebung zurückzuführen und seine Thätigkeit als „Stimme Gottes" zu bezeichnen. Dagegen hat sich in der modernen materialistischen Philosophie der Satz festgestellt, der in populärem Ausdruck gewöhnlich dahin lautet: „das Gewissen ist nicht angeboren, sondern anerzogen", und auch der Darwinismus hat seine mechanische Theorie über die Entstehung des Gewissens aufgestellt. Was die erstere, die theologische, Theorie angeht, so hat man wohl darauf zu achten, was sie denn eigentlich besagen will; soll damit gesagt sein, daß die Thätigkeit des Gewissens zugleich ein religiöses Verhalten in sich schließt, daß sie als solche unmittelbar zugleich mit einem Gottesgedanken verbunden sein muß, so müssen wir dem entschieden widersprechen, und zwar einfach auf Grund der umfassendsten Erfahrung; daran scheitern denn auch alle jene Theorien, die darauf ausgehen, das sittliche Unterscheidungsvermögen zum Quellpunkt der Religion und zum Fundament der Theologie zu machen. Anders aber verhält sich die Sache, wenn mit der genannten theol. Ausführung der objective Grund der sittlichen Wahrheit bezeichnet werden soll. Wer überhaupt an Gott und eine sittliche Weltordnung glaubt und die Thätigkeit des Gewissens in sich mit allem Ernste erfahren hat, wird ganz von selbst in seinem Nachdenken die Wahrheit der Gewissensaussage auf die im Wesen Gottes gegebene absolute Wahrheit zurückführen. „Der eine gewaltige Grundton sucht und findet in den Seelen einen nimmer verklingenden Wiederhall. Das ewige Feuer des Guten und Göttlichen entsendet unzählbare Ausstrahlungen und läßt sie im tiefsten Herzen aufleuchten und fortglimmen, damit der sittliche Lebensweg selbst mitten in der Nacht nicht unerkennbar bleibe." In diesem Sinn bezeichnen wir die Gewissenswahrheit mit Recht als eine göttliche, womit wir also doch nur ihre ewige objective Gültigkeit ausdrücken wollen, und in diesem Sinn finden wir überall die Rede von dem „Göttlichen in der Menschenbrust", auch in der griechischen Philosophie. Es ist dies ein deutlicher Beweis, wie unser Bewußtsein zu diesem realen Urgrund der sittlichen Wahrheit uns hindrängt, wie oberflächlich daher, weil sich selbst widersprechend, jene Theorie des modernen Materialismus argumentirt.

Diese dem Mechanismus der Entwicklung huldigende Theorie basirt einerseits die Entwicklung auf dem Zufall des Kampfes um's Dasein, andererseits soll dieselbe doch nach ewigen unwandelbaren Gesetzen vor sich gegangen sein. Als ob nicht das erstere die bloße Möglichkeit wäre, wornach das vorliegende Resultat auch ebensogut anders sein könnte, das letztere eine absolute Nothwendigkeit, wornach das vorliegende Resultat herauskommen mußte. Man leitet nun auch die moralischen Empfindungen des Menschen, sowie sein Gewissen, her aus dem Kampfe um's Dasein, indem sie in demselben günstigen Verhältnisse als Normen sich festsetzten und sich vererbten.*) Aber damit ist der sittlichen Wahrheit jeder Grund ihrer objectiven Realität entzogen: ist sie nur durch den Zufall des Kampfes um's Dasein entstanden, so hätte also auch möglicherweise das Gegentheil als wahr angenommen werden können, wenn es in jenem Kampfe vortheilhafter erschienen wäre; mit Rücksicht auf diesen Vortheil kann morgen gut sein, was heute schlecht ist, es gibt keine objective sittliche Wahrheit. Keine Frage, was derartige Theorien auf die große Masse für Wir-

---

*) cf. Darwin: Abstammung des Menschen I, S. 54. Ausdruck der Gemüthsbewegungen ꝛc. S. 209.

lungen ausüben, und die Reflexionen der Socialdemokratie zeigen erschreckend genug, wie man jene praktisch zu verwerthen weiß.*)

Halten wir uns aber an den zweiten von der materialist. Philosophie aufgestellten Punkt von der durch bestimmte Gesetze sich ergebenden Nothwendigkeit der Entwicklung, so zeigt es sich, daß die Frage nach dem Angeborensein oder Anerzogenheit des Gewissens in dieser Form weder nach der einen noch nach der andern Seite direct beantwortet werden kann. Man vergißt dabei, daß das Gewissen ja nur in der praktischen sittlichen Thätigkeit überhaupt zu Tage tritt, eine sittliche Thätigkeit gibt's aber nur im Gemeinschaftsleben, also kann man von Angeborensein des Gewissens überhaupt gar nicht reden; wo ein Mensch absolut isolirt wäre, käme es unmöglich in seiner vollen Kraft zum Bewußtsein, ebensowenig als der Same Blüthen treibt und Früchte bringt, wenn nicht die äußeren dazu nothwendigen Bedingungen des guten Bodens, des Lichts und der Luft dazutreten. Aber diese äußeren Bedingungen brächten für sich noch nicht Blüthen und Früchte hervor, läge nicht die Prädisposition dazu im Samenkorn. Die material. Theorie widerspricht vollständig ihrem Begriff der Entwicklung, wenn sie letztere lediglich durch die zufällige Einwirkung äußerer Verhältnisse vor sich gehen läßt und dabei jeden innern Bildungstrieb läugnet, während letzterer doch durch den Begriff der Entwicklung selbst gefordert wird. So ist es auch ganz oberflächlich, von einem äußerlichen Anerzogensein des Gewissens zu reden: die erziehenden Einflüsse der sittlichen Gemeinschaft lenken und gestalten die sittliche Unterscheidungsgabe des Menschen, aber sie schaffen sie nicht, es muß denselben aus der menschlichen Seele jedenfalls etwas entgegenkommen.**) Nur von der Fähigkeit des Menschen zum Gewissen könnte man also höchstens sagen, sie sei angeboren, wenn man denn einmal absolut diesen Ausdruck gebrauchen will. Es ergibt sich aber daraus nun leicht, wie die Erscheinungen des Gewissens und die theoretischen Erörterungen über dasselbe verschieden sich gestalten müssen unter den Einflüssen der religiösen, socialen, politischen Verhältnisse in verschiedenen Zeiten und unter verschiedenen Völkern, es ergibt sich, wie das Gewissen in seinen Funktionen ein ganz anderes sein muß auf dem Boden der antiken als auf dem Boden der christlichen Weltanschauung. Aus diesem Grunde, weil das Gewissen, so sehr es dem Einzelnen eigenthümlich ist, doch zu seiner Bethätigung die sittliche Gemeinschaft voraussetzt, kann auch keine historische Unter-

---

*) cf. Die Mittheilungen aus socialistischen Blättern bei Richard Schuster: „Die Socialdemokratie, nach ihrem Wesen und ihrer Agitation quellenmäßig dargestellt."

**) Ulrici (Gott und der Mensch II, S. 101) bezeichnet dies als das „Gefühl des Seinsollens": „Kein Gesetz, kein Gebot oder Verbot, woher es auch stammen oder worin auch sein Inhalt bestehen möge, kann als Gesetz gefaßt, anerkannt, befolgt werden, wenn das, was es gebietet, nicht als ein Seinsollendes erscheint und gefaßt wird, wenn also dem Inhalt desselben nicht ein Gefühl oder Bewußtsein des Sollens in der eigenen Brust des Gehorchenden entspricht und entgegenkommt."

suchung über dasselbe sich loslösen von dem jeweiligen allgemeinen sittlichen und religiösen Standpunkt, und so müssen auch wir unsere Untersuchung über das Vorhandensein des Gewissens in der griechischen Philosophie überall im engsten Zusammenhange mit dem Ganzen des jeweiligen Systems führen.

Doch bevor wir diese Untersuchung antreten, werfen wir noch, was den zweiten Abschnitt dieser Einleitung bilden möge, einen Blick auf die Bedeutung, die im griechischen Volksbewußtsein das Gewissen gewonnen hatte; wir finden dafür unsere Anhaltspunkte vorab in der Mythologie und in der Poesie.

Da sehen wir vor Allem die furchtbare Macht des strafenden Gewissens, das den Frevler verfolgt bis in den Tartarus, in der Mythologie plastisch zur Darstellung gebracht in der Gestalt der Erinyen. Sie, die nach Hesiod (theog. 185) entstanden, sind aus dem Blute des von Kronos entmannten Uranus, — als dem ersten naturwidrigen Verbrechen — haben die Aufgabe, unerbittlich den Frevel zu strafen und vor Allem die gegen die allernächsten, natürlichsten Pflichten begangenen, wie Eltern- und Verwandtenmord, Blutschande und Meineid. Es unterliegt keinem Zweifel, daß diese $γῆς$ $καὶ$ $σκότου$ $κόραι$ (Soph. Oed. Col. 40), diese $παῖδες$ $ἀρχαίου$ $σκότου$ (ib. 106), Personificationen der Gewissensangst darstellen. Ausdrücklich erwähnen dies auch als Auffassung des Alterthums Lucrez (de rer. nat. III 1009) und Cicero (pro Rosc. Amer. 24); dem stimmen von den Neueren bei Welker (Griech. Götterlehre I, S. 699, III S. 76 ff.), Braun (Griech. Götterlehre S. 185) und Nägelsbach (Nachhomer. Theologie S. 339). Preller (Griech. Mythologie, 3. Auflage I, S. 686) meint zwar, man müsse sich hüten, sie bloß für die subjectiven Mächte des menschlichen Gewissens zu halten, sie seien vielmehr „ein Ausdruck der allgemein gültigen, auf einem unvordenklichen Alterthum und der ganzen Weltordnung begründeten Objectivität dieser ethischen Grundgesetze". Freilich deckt sich Manches was von der Thätigkeit der Erinyen berichtet wird, nicht mit unserm Gewissensbegriff, wie die auf der Idee vom Neid der Götter beruhende Aussage, daß diese dem Menschen böse Gedanken eingeben, um nachher Anlaß zur Strafe zu haben, aber im Uebrigen ist die Macht des Gewissens eben auch keine subjective im Sinne eines willkürlichen Subjectivismus, sondern es zeigen sich darin gerade die für alle objectiv gültigen, über dem subjectiven Gutdünken stehenden sittlichen Gesetze. Die Gestalten der Erinyen zeigen jedenfalls, wie lebendig im griechischen Volke das Bewußtsein von der strafenden Macht des Gewissens gewesen ist. Obwohl sich später die furchtbaren Erinyen in die segnenden Eumeniden verkehrten*), die ebenso Hüter des Rechts und des sittlichen Gedeihens wurden wie jene Rächer des Frevels waren, so blieb im Volksbewußtsein die Vorstellung von der rächenden Thätigkeit dieser

---

*) Preller (ib. 687) und Welker (ib. III 85) knüpfen dies an die Sühnung der Frevelthat des Orestes an.

Gottheiten doch herrschend; das bezeugen vor Allem die tragischen Dichter, an deren für das Volksgemüth eminent wirksame Verwerthung der Erinyen wir hier nur zu erinnern brauchen. Und solche Verwerthung geschah gerade in Athen, wo ein Hauptcultusort der nach ihrer milden Seite als σέμναι verehrten Erinyen sich befand.

Aber nicht nur die Mythologie, auch die Poesie, und nicht minder die Historiker und Redner bieten uns zahlreiche Aussagen, aus denen das rege Bewußtsein von der furchtbaren Macht des Gewissens erhellt. Schon bei Homer (cf. Nägelsbach: Homerische Theologie S. 195, 227) ist für das Rechtthun, durch das der Mensch sich.ben Göttern wohlgefällig macht, nicht etwa ein von den Göttern äußerlich mitgetheiltes lehrhaftes Gesetz gültig, sondern durchaus das im Menschen liegende natürliche Bewußtsein vom Rechte, das Gewissen, welches sich äußert als das über das Unrecht sich empörende und entrüstende eigene sittliche Gefühl, als die Scheu vor andern Menschen, als die Furcht vor dem göttlichen Zorn. Darnach ist jedem ein eigenes Schuld- und Rechtsgefühl beigelegt, dessen Bewährung denn auch die sittliche Achtung oder Mißachtung, die dem Einzelnen zu Theil wird, bedingt. Viel deutlicher noch tritt der im Menschen vorhandene Maaßstab der sittlichen Selbstbeurtheilung bei den tragischen Dichtern zu Tage, auch ohne daß die Erinyen die Qual der Gewissensstrafe erst herbeiführten. Τίς σ' ἀπόλλυσιν νόσος; fragt Menelaus in Euripides' Orestes (388), und Orestes antwortet: ἡ σύνεσις, ὅτι σύνοιδα δειν' εἰργασμένος. — Antigone beruft sich zur Rechtfertigung ihrer Widersetzlichkeit gegen Kreon auf ungeschriebene Gesetze (Antig. 454 ff.):

οὐδὲ σθένειν τοσοῦτον ᾠόμην τὰ σὰ .
κηρύγμαθ' ὡς τἄγραπτα κἀσφαλῆ θεῶν
νόμιμα δύνασθαι θνητὸν ὄνθ' ὑπερδραμεῖν.
οὐ γάρ τι νῦν γε κἀχθές, ἀλλ' ἀεί ποτε
ζῇ ταῦτα, κοὐδεὶς οἶδεν ἐξ ὅτου 'φάνη.

Thucydides schildert das böse Gewissen der Spartaner nach dem Ueberfall bei Plataä (VII 18,2), und Xenophon (hist. gr. II 2,3) die dahin gehende Stimmung der Athener nach der Schlacht bei Aegospotamoi. Auch bei den Rednern wird oft an die furchtbare Macht des Gewissens erinnert, um vor dem Frevel abzuschrecken, um das Volk oder einzelne Stände desselben an ihre Pflichten zu ermahnen. Mehrere dahin gehörige Stellen aus der Tetralogie des Antiphon, aus Isokrates und Demosthenes theilt Gaß mit (Lehre vom Gewissen S. 10). Außerdem verweisen wir für die weiteren zahlreichen, das Gewissen betreffenden Stellen griechischer Dichter und Prosaiker — weil deren nähere Erörterung nicht in den Rahmen dieser Arbeit gehört, — auf Nägelsbach: Nachhomerische Theologie S. 338 ff. Stephanus thes. ling. gr. unter συνειδέω, συνείδησις und σύνεσις, und Stobaeus Floril. XXIV περὶ τοῦ συνειδότος.

Jedenfalls sehen wir im griechischen Volksbewußtsein die Gewissensfunction deutlich erkannt und diese Erkenntniß reichlich und wirksam verwerthet. Sehen wir nun zu, wie es sich damit in der Philosophie verhält.

I. Die vorsokratische Philosophie.

Die griechische Philosophie vor Sokrates bildet für unsere Untersuchung ein wenig fruchtbares Feld, sie war eben wesentlich Naturphilosophie, das Ethische tritt nur in einzelnen populären Aussprüchen auf, eine wissenschaftliche, mit dem System zusammenhängende Behandlung der Ethik findet sich noch nicht, sondern höchstens vereinzelte Reflexionen. Nach einer theoretischen Behandlung des Gewissensbegriffes darf man also hier am allerwenigsten fragen, sondern höchstens darnach, ob da oder dort in den einzelnen Aeußerungen nicht eine Kenntniß des Gewissens zu Tage tritt. Es sind uns zunächst von den sog. sieben Weisen einzelne Weisheitssprüche, Klugheits- und Lebensregeln erhalten, die aber von der Kenntniß der Gewissensthätigkeit höchstens insofern zeugen, als von Einzelnen die Glückseligkeit des Menschen wenigstens nicht in den Besitz äußerer Glücksgüter gesetzt wird, sondern in das befriedigende Bewußtsein, das in der Erfüllung sittlicher Pflichten liegt; es wird vor der Lust gewarnt, weil sie Unlust erzeugt, es wird eine Einbuße einem schimpflichen Gewinn vorgezogen, weil jene nur einmal, dieser für immer Schmerz erzeuge. Im Uebrigen finden wir einen Ausdruck für das Gewissen nicht, denn der sagenhaften Ueberlieferung, nicht der geschichtlichen Berichterstattung gehören die Aussprüche an, die Stobäus (Floril. 24) von Bias und Periander erwähnt: Βίας ἐρωτηθείς, τί ἂν εἴη τῶν κατὰ τὸν βίον ἄφοβον εἶπεν, ὀρθὴ συνείδησις. — Περίανδρος ἐρωτηθεὶς τί ἐστιν ἐλευθερία εἶπεν, ἀγαθὴ συνείδησις.

Von den jonischen Naturphilosophen, mit denen nach dem Vorgang des Aristoteles (cf. Metaph. I 3) herkömmlich die Geschichte der Philosophie eröffnet wird, haben wir nichts zu erwähnen, da sie keinerlei psychol. und ethische Fragen in den Kreis ihrer Betrachtung gezogen haben. Ebenso sind die Eleaten, die nach dem innern Entwicklungsgang der griech. Philosophie an jene sich anschließen, noch wesentlich Naturphilosophen, insofern sie mit jenen die gleiche Frage nach dem Grund der Naturerscheinungen zu lösen suchen, sei es nun theologisch wie Xenophanes, oder metaphysisch wie Parmenides, oder dialectisch wie Zeno und Melissus. Auch die pythagoräische Philosophie bietet uns für unsere Untersuchung so gut wie keine Anhaltspunkte dar. Was uns von der Psychologie und Anthropologie derselben berichtet wird, ist entweder historisch zweifelhaft, wie die Nachricht von der gottverwandten Natur der Seele und von deren Theilen (cf. Diog. Laert. VIII 25. 30. Plut. de plac. phil. IV 4, 1. 5, 13. 7, 1 u. 4. Cic. tusc. IV 5, 10. de nat. deor. I 11, 27. de sen. 21, 78. Stob. Ekl. I 453. 848. 722. 784. 790), oder verräth keine Würdigung des Gewissens, wie die Behauptung, die wohl wegen Uebereinstimmung mit dem Gesammtsystem historisch ist, daß die Seele eine Harmonie sei*) oder daß man sie, wie Aristoteles (de an. 1 2) berichtet, in den Sonnenstäubchen gesucht habe (ψυχὴν εἶναι τὰ ἐν

---

*) cf. Zeller, Philosophie der Griechen I, S. 323.

τῷ ἀέρι ξύσματα). Die Lehre von der Seelenwanderung, die historisch beglaubigtste des Pythagoras (cf. Arist. de an. I 3), weist jedenfalls auf eine hohe Würdigung der sittlichen Anlagen des Menschen hin, nicht minder auch das mit der Seelenwanderung auf's Innigste in Verbindung stehende ἕπου θεῷ der pythag. Ethik (Stob. Ekl. II 66. Plut. de profect. in virt. 10. de superst. 9. de defect. orac. 7), dessen Bedeutung jedoch bei dem durchaus zweifelhaften Gottesbegriff der Pythagoräer ziemlich vage bleibt. Auch einzelne ethischen Vorschriften, wie die der Mäßigkeit, Selbstprüfung und Selbstbeherrschung geben Zeugniß von der Kenntniß der im Menschen liegenden sittlichen aufrichtenden und hemmenden Lebensmächte. Diese Vorschriften sind jedoch zum großen Theil wesentlich solche, die lediglich für den pythagoräischen Bund gelten und daher zur Objectivität einer für Alle gleichen Gültigkeit sich nicht erheben.

Bei Heraklit ist die Seele ein Theil des Urfeuers oder der (pantheistisch gefaßten) Gottheit, die mit göttlichen Gesetzen, aus denen die menschlichen sich nähren, und nach ewigem Verhängniß Alles beherrscht (Diog. Laert. IX 1, 7. Plut. de plac. phil. I 27. Aristot. de an. I 2). Daher können nicht die Sinne die Quelle unserer Erkenntniß bilden, sondern nur das vernünftige Erkennen, denn die Vernunft durchwaltet Alles als das eine göttliche Gesetz; darum müsse man ihr folgen, und man könne es, wenn man nicht die besonderen Meinungen der Einzelnen, sondern sich selbst befrage (cf. Sext. Emp. adv. Math. VII 133. Diog. Laert. IX 1, 5). Dieser Maaßstab gilt aber auch für das Handeln: das gemeinsame Gesetz muß der Mensch einhalten, dann erlangt er wahre Zufriedenheit; der Weltlauf ist immer gut, es kommt nur darauf an, sich darein zu schicken, denn: ἦθος ἀνθρώπῳ δαίμων (cf. Stob. serm. 104, 23. fragmentarische Aussprüche bei Diog. Laert. IX 2. Clem. Alex. strom. II pag. 416.

Empedokles bleibt in seiner Vermittlung zwischen dem eleatischen Sein und dem heraklitischen Werden lediglich auf dem Boden der Naturphilosophie, wo er das Princip der mechanischen Naturentwicklung einführte. Ihm folgen darin die Atomisten, unter welchen Demokrit nicht in seinen eigentlichen Philosophemen, wohl aber in einzelnen ethischen Reflexionen, wie sie in der vorsokratischen Philosophie vorkommen, einige Anhaltspunkte bietet. Die Glückseligkeit, deren Erörterung das alte Thema der ethischen Reflexion bildet, sieht er nicht in dem Besitz der Heerden oder des Goldes, sondern die Seele ist ein Wohnplatz des Dämon (cf. Stob. Ekl. II 76: εὐδαιμονίη ψυχῆς καί κακοδαιμονίη οὐκ ἐν βοσκήμασι οἰκεῖ οὐδ' ἐν χρυσῷ, ψυχὴ δ'οἰκτήριον δαίμονος). Daher macht nur die richtige Stimmung und die unwandelbare Ruhe des Gemüthes glücklich, und dieser Zustand der Glückseligkeit ist bedingt durch das Maaßhalten, die richtige Schätzung und Auswahl der Lüste. Letztere müssen wir aus uns selbst schöpfen (fragm. mor. 7. Diog. Laert. IX 45. Stob. Ekl. II 76. Floril. 17. Cic. de fin. bon. et mal. V 87). Eine derartige Werthschätzung der innern Geistesgüter gegenüber den äußeren Glücksgütern zieht sich durch alle ethischen Aussprüche, die uns von Demokrit überliefert sind, hindurch, was jedenfalls auf eine fortgeschrittene sittliche Auffassung und auch auf eine Kenntniß und Würdigung der im Menschen vorhandenen Anlagen zur sittlichen Entscheidung und Selbstbestimmung deutlich hinweist; letztere wird dazu ganz direct ausgesprochen in dem Satze, daß die wohlgeordnete Gestaltung des Lebens ganz vom Verhalten des Menschen abhänge (fragm. 45 bei Zeller a. a. O. I, S. 636: τοῖσι ὁ τρόπος ἐστὶ εὔτακτος, τουτέοισι καὶ βίος ξυντέτακται).

Anaxagoras hat als bewegende Ursache des Werdens den von dem Stoff geforderten, nach Zweckbegriffen handelnden νοῦς aufgestellt, wodurch er der rein mechanischen Naturauffassung des Empedokles und der Atomisten gegenüber der Teleologie der Natur gerecht zu werden sucht. Er denkt sich das Handeln dieses νοῦς wesentlich nach der Analogie des menschlichen, und es ist daher erklärlich, wenn uns Aristoteles (de an. I 2) berichtet, daß nach der Lehre des Anaxagoras die menschliche Seele mit dem νοῦς von gleicher Natur sei.*) So hat Anaxagoras zuerst die für die Folgezeit so wichtige Behauptung aufgestellt, daß in der Seele des Menschen etwas Göttliches enthalten sei, aber für die Ethik ist diese Erkenntniß bei ihm noch nicht verwerthet. Was über einzelne ethischen Aeußerungen von ihm berichtet wird, ist sehr geringfügiger Natur (cf. Zeller a. a. O. I, S. 702) und kann für unsere Untersuchung weiter nicht in Betracht kommen. Anaxagoras sucht eben das höhere Princip des Nus nur zum Zwecke der Naturerklärung und wendet es nur darauf an; er steht damit noch ganz auf dem Boden der gesammten vorsokratischen Philosophie, aber er hat mit seiner Teleologie und seinem Begriff vom Nus ein objectives Princip aufgestellt, das durch einen Sokrates im Gegensatz gegen die willkürliche Subjectivität der Sophisten auch seine ethische Bedeutung gewinnen sollte.

II. Sokrates.

Ueberweg beginnt in seiner Geschichte der Philosophie einen neuen Abschnitt mit den Sophisten, weil diese gegenüber der ganzen vorausgehenden Richtung der griech. Philosophie, die in kosmologischen Fragen aufgehend sich einer unmittelbaren Betrachtung der Dinge zugewandt hatte, zuerst das Princip der Subjectivität betonten. Ein solcher Periodenanfang mag insofern angehen, als wir den Sophisten jedenfalls die Anregung des Sokrates zu dessen eigenem Philosophiren verdanken, eine Anregung freilich, die nur zur Bekämpfung und Ueberwindung des sophistischen Princips führte. Den Sophisten war der Subjectivismus nur ein Individualismus, das subjective Urtheil war bei ihnen nur begründet auf ein willkürliches, unbegründetes Meinen; bei Sokrates ist das Subject ein Glied in der Kette der denkenden Wesen, das subjective Urtheil wird zu einem objectiv gültigen, weil es begründet ist auf einem Wissen, das nach allgemein gültigen

---

*) cf. Anaxagorae Clazomenii fragm. ed. Eduardus Schaubach pag. 152. 186.

Denkgesetzen bialectisch geprüft und methodisch untersucht und somit Alles auf seinen wahren Begriff zurückgeführt hat.*) Die Methode, deren sich Sokrates dabei bediente, war nach dem Zeugniß des Aristoteles, mit dem auch Plato und Xenophon übereinstimmen, die Induction und die Definition (cf. Aristot. Metaph. XIII 4: δύο ἐστιν ἅ τις ἂν ἀποδοίη Σωκράτει δικαίως, τοὺς τ'ἐπακτικοὺς λόγους καὶ τὸ ὁρίζεσθαι καθόλου. Diog. Laert. II 29: ἦν γὰρ ἱκανὸς ἀπὸ τῶν πραγμάτων τοὺς λόγους εὑρίσκειν. Xen. Memor. IV 6, 1 u. 13. IV 5, 12. I 1, 16. Plato rep. X 596 Phaedr. 237. 262. 265). Daburch hat Sokrates unstreitig die wissenschaftliche Grundlage des ganzen späteren Philosophirens gelegt.

Wenn wir uns nun erinnern, daß diese formalen Principien der sokrat. Philosophie in ihrer concreten Anwendung wesentlich auf einen ethischen Inhalt gerichtet waren, so könnte das von vornherein die Meinung begünstigen, daß in der sokrat. Philosophie Raum sei für eine Idee wie die des Gewissens, das ja eine über die subjective Willkür erhabene objective, für Alle gültige Norm des Sittlichen enthält. Und in der That dürfen wir diesen nach einer objectiven Wahrheit strebenden Gesammtcharakter der sokr. Philos. bei Beurtheilung des Dämoniums nicht außer Acht lassen, müssen freilich auch andererseits in der Anwendung von Kategorien unserer Psychologie sehr vorsichtig sein. Es zeigt sich nämlich, daß des Sokrates Streben nach objectiver Wahrheit eben doch nicht völlig das Ziel erreichte: sein philos. Princip, daß nur das Wissen um den Begriff das wahre Wissen sei, hat er selbst nicht dialectisch begründet, noch auch eine systematische Darstellung der an und für sich wahren Begriffe versucht. „Das Wissen ist hier erst Postulat, erst eine vom Subject zu lösende Aufgabe, die Philosophie ist erst philos. Trieb und philos. Methode, erst ein Suchen, noch kein Besitz der Wahrheit." Sokrates selbst war sich dessen auch recht wohl bewußt, wie er dies oft genug ausgesprochen hat in dem viel mißbrauchten Wort von seinem „Nichtwissen".**)

Dies zeigt sich denn auch in seiner Ethik, die den wesentlichsten

---

*) Daß die Idee des Wissens den Mittelpunkt des sokrat. Philosophirens bilde, ist seit Schleiermacher's epochemachender Abhandlung „Ueber den Werth des Sokr. als Philosophen" (Vorlesung in der Berliner Akademie der Wissenschaften vom 27. Juli 1815, cf. W. W. 3. Abthl. Band 2, S. 287 ff.) wohl als feststehend zu betrachten. Dem ist nicht widersprechend, sondern nur mehr nach dem Gesichtspunkt des Inhalts der sokrat. Philosophie geurtheilt, wenn man mit Hegel (Geschichte der Philosophie II, 40 ff.) und Rötscher (Aristophanes und sein Zeitalter S. 245 ff. u. a. St.) in der Vertiefung der Subjectivität den eigentlichen Charakter seiner Philos. sieht, denn das Subjective ist eben „das an ihm selbst Objective und Allgemeine" (Hegel); nicht der Mensch wie ihn Protagoras faßt als empir. Individuum, sondern der denkende Mensch ist nach Sokr. das Maaß aller Dinge.

**) cf. Apol. 21 b. d. 23 b. Symp. 216 d. Theaet. 150 d. Diese Aussprüche des Sokr. sind also nicht im Sinne einer Skepsis aufzufassen, wie es nach dem Vorgang des Cicero gewöhnlich geschieht. Sokr. will damit nur sagen, daß das, was bisher für ein Wissen gehalten worden, keines sei, daß er sich wohl bewußt sei, wie er das allein wahre begriffliche Wissen auch noch nicht besitze. Ein Ausbruck der Bescheidenheit ist es somit allerdings.

Inhalt seiner Philosophie bildet. Gemäß seiner Methode konnte er folgerichtig nur behaupten, daß alle Tugend im Wissen bestehe. So lesen wir bei Aristoteles (Eth. Nicom. VI 13): Σωκράτης φρονήσεις ᾤετο εἶναι πάσας ἀρετάς. — Σωκράτης μέν οὖν λογους τὰς ἀρετὰς ᾤετο εἶναι, ἐπιστήμας γὰρ εἶναι πάσας. Dazu bei Xenophon (Memor. III 9, 5): ἔφη δὲ καὶ δικαιοσύνην καὶ τὴν ἄλλην πᾶσαν ἀρετὴν σοφίαν εἶναι κ. τ. λ. (cf. ib. I 1, 16. IV 6, 1 u. 7. III 4, 9.) Die erste Bedingung zur Tugend ist daher das γνῶθι σαυτόν, und alle Tugend ist wesentlich nur eine. Aber was ist der Inhalt dieses Wissens? der Begriff der Tugend: tugendhaft und gerecht ist, wer weiß, was gut und recht ist, und nur wer dies weiß, kann auch gut und recht handeln. Aber was ist gut und recht an sich, was sind sie ihrem Wesen nach? Darauf bleibt uns Sokrates die Antwort schuldig, und die Wahrheit einer bestimmten sittlichen Thätigkeit nimmt er entweder ohne Prüfung aus der bestehenden Sitte auf*) oder gründet sie der Idee des Wissens gemäß auf besondere Interessen und Zwecke des Handelns, d. h. auf Eudaimonismus. Das instructive Gespräch mit Aristipp in Memor. III 8 zeichnet diesen Standpunkt am deutlichsten: er wisse weder ein Gutes, sagt Sokrates, das nicht für einen bestimmten Zweck gut sei, noch begehre er es zu wissen: πάντα γὰρ ἀγαθὰ καὶ καλά ἐστιν, πρὸς ἃ ἂν εὖ ἔχῃ, κακὰ δὲ καὶ αἰσχρά, πρός ἃ ἂν κακῶς (cf. Memor. IV 6, 8. III 9, 4. Plato Protag. 353 ff. 358). So werden die sittlichen Vorschriften fast durchweg auf das Motiv des Nutzens gegründet; es ist besser bescheiden zu sein, weil die Prahlerei Schaden und Schande einbringt (Mem. I 7); sich Freunde zu erwerben ist empfehlenswerth, weil ein treuer Freund uns mehr als jeder andere nützlich werden kann (Mem. II 4, 5. II 6, 4 u. 10. Andere Beispiele cf. Mem. I 5, 6. II 1, 1. III 12. II 1, 18. II 3, 19. III 7, 9. II 1, 14. IV 4, 16. III 9, 12. II 1, 27). Aber widerspricht eine solche eudaimonistische Begründung der Tugend nun nicht völlig dem Grundzug der sokrat. Philosophie, die eine objectiv gültige Wahrheit sucht? Diesen Widerspruch, der allerdings vorhanden ist, hat schon Plato bemerkt (cf. Rep. II 362e ff. Phaedo 68 d. ff.). Doch setzt Sokrates auch in andern Stellen (Mem. I 6, 9. IV 8, 6) den Vorzug des Tugendhaften und Weisen in das befriedigende Gefühl seiner Vollkommenheit; er gibt die geistige Freude des Erkennens und Wissens als Frucht der Mäßigkeit an (ib. IV 5, 10 ff.), betrachtet überhaupt das Erkennen des Guten und das Handeln nach dieser Erkenntniß als das wahre menschliche Gut, das Jagen nach Lust aber als etwas Thierisches (ib. IV 5, 11), und faßt die Tugend als eins mit der Gesundheit der Seele (cf. Plato Gorg. 467 c. 474 c. 495 d. 499 c. Rep. IV 444 c. X 612 a.). Ist es auch bei diesen platonischen Stellen immerhin frag-

---

*) δίκαιος ist der, der die Vorschriften der Gesetze hält Memor. IV 6, 6. IV 4, 12; in Bezug auf die Gottesverehrung ib. IV 3, 16. Sokr. unterwirft sich auch bei seiner ungerechten Verurtheilung den bestehenden Gesetzen Memor. IV 4, 4. Apol. 34. Phaedo 98 c.

lich, wie weit sie dem historischen Sokrates angehören, so kann das Gesagte uns doch einen deutlichen Fingerzeig für die Lösung jenes Widerspruches geben: wäre die Ethik des Sokrates ihrem innern Wesen nach eudaimonistisch gewesen, so hätte sie sich in ihrem Inhalte durch nichts von der sophistischen unterschieden und des Sokrates Anstoß für die neue Richtung der griech. Philosophie wäre unerklärlich. Diejenigen, welche die Ethik des Sokrates eudaimonistisch fortbildeten, nennen wir eben die „unvollkommenen" oder „einseitigen" Sokratiker. Das ganze Leben und die Schicksale des Sokrates zeigen wahrlich deutlich genug, daß seine Ethik ihrem ganzen Wesen nach nichts weniger als eudai= monistisch war*), der Eudaimonismus an derselben ist also weiter nichts als ihre formelle Begründung, die mangelhafte wissenschaftliche Reflexion, in der sein Princip des Wissens bei concreten ethischen Ver= hältnissen Gestalt gewann. Dieses Princip bedeutet ja aber gerade selbst schon eine Verinnerlichung des menschlichen Geistes, weil es das klare Selbstbewußtsein und die feste Selbsterkenntniß zur Norm alles Denkens und Wollens erhob**); es bleibt ihm das Verdienst, den mensch= lichen Geist auf sich selbst gebracht zu haben, aus seinen Tiefen allein will er ein objectiv wahres, allgemein gültiges Wissen schöpfen, es ist auch in der Ethik die innere klare Entscheidung auf den Thron gesetzt, wornach die Quelle der sittlichen That nicht das von Außen kommende Gesetz allein ist, sondern das, was das Subject innerlich als wahr und verpflichtend anerkannt hat.***)

Darauf fußend möchte ich nun freilich nicht mit Rötscher sofort schließen: „Man kann demnach sagen, daß Sokrates die Macht und das Recht des Gewissens als den Quellpunkt aller Moralität der Welt zum Bewußtsein gebracht und den Völkern aufgeschlossen hat." Mit dem Begriff Gewissen ist hier jedenfalls zu viel gesagt, aber das ist unzweifelhaft, daß in den ethischen Principien des Sokrates die Elemente zu dem enthalten sind, was wir mit dem Begriff des Gewissens zu bezeichnen pflegen, und daß, wenn er irgendwie diesen Begriff klar aufgestellt hätte, er in den Rahmen seiner Ethik vollständig passen würde. Ja diese Ethik, deren Charakter im Gegensatz gegen die her= kömmliche griechische Sitte eine Vertiefung in das Innere ist, fordert consequenter Weise auch eine innere sittliche Instanz; und hat denn nun Sokrates nicht wirklich eine solche innere Instanz in seinem Dämo= nium? Es ist uns darum unzweifelhaft, daß in dem Dämonium der

---

*) cf. Außer der Apologie besonders auch die Unterredung mit dem Sophisten Antiphon in Mem. I 6; ferner ib. IV 8 6: ἄριστα μὲν γὰρ οἶμαι ζῆν τοὺς ἄριστα ἐπιμελομένους τοῦ ὡς βελτίστους γίγνεσθαι, ἥδιστα δὲ τοὺς μάλιστα αἰσθανομένους ὅτι βελτίους γίγνονται. — ib. IV 2, 34 weist er der Glückselig= keit, wie sie gewöhnlich gefaßt wird, nur unter den relativen Gütern eine Stelle an.
**) Damit stimmt auch Feuerlein (Die philos. Sittenlehre in ihren geschichtl. Hauptformen I, S. 51 ff.), obwohl er nur ein formales Verdienst des Sokr. aner= kennen will und dessen Ethik zu einseitig eudaimonistisch faßt.
***) cf. Brandis: Geschichte der griechisch-römischen Philosophie II 1, S. 33 ff. 59 ff. — Rötscher: Aristophanes und sein Zeitalter S. 248. — Neander: Vorlesungen über die Geschichte der christlichen Ethik S. 68 ff.

Gewissensbegriff, den man in der sokrat. Ethik sucht, zum Vorschein kommt, freilich nicht so, wie wir von vornherein constatiren wollen, als ob das Dämonium und unser Gewissen identische Begriffe wären. Doch sehen wir uns die Sache näher an.

Gegen den Hauptpunkt der Anklage gegen Sokrates: Σωκράτης ἀδικεῖ οὓς μὲν ἡ πόλις νομίζει θεοὺς οὐ νομίζων, ἕτερα δὲ δὲ καινὰ δαιμόνια εἰσφέρων vertheidigt Xenophon seinen Lehrer von vornherein damit, daß dieser ebensogut Mantik getrieben habe wie die andern Athener, freilich nicht durch Vögel u. dgl., sondern die Gottheit gebe ihm Vorandeutungen (τὸ δαιμόνιον ἑαυτῷ σημαίνειν Mem. I 1—5. cf. IV 3, 12 ff. 8, 1). Diese Vorandeutungen sind also jedenfalls im Gegensatz gegen die herkömmlichen äußeren Zeichen etwas Inneres, und Sokrates bezeichnet denn auch die Sache nun näher als eine innere Stimme, die er vernehme, als ein gewohntes Zeichen, das sich ihm von Jugend auf zu manifestiren pflegte (Apol. 31 d: ἐμοὶ δὲ τοῦτ' ἔστιν ἐκ παιδὸς ἀρξάμενον φωνή τις γιγνομένη. Phaedr. 242 b: τὸ δαιμόνιόν τε καὶ τὸ εἰωθὸς σημεῖόν μοι γίγνεσθαι ἐγένετο καί τινα φωνὴν ἔδοξα αὐτόθεν ἀκοῦσαι. cf. Rep. 496 c. Euthyd. 272 e. Theaet. 151 a. Eutyphro. 3. Aristot. Rhetor. II 23, 8. Diog. Laert. II 32). Es sind nun über das Dämonium des Sokrates die verschiedensten Ansichten schon aufgestellt worden, die wir hier unmöglich alle besprechen können*), und auch mit der Stimme des Gewissens ist es schon identificirt worden, so von Brandis (Geschichte der griech.-röm. Philos. II 1, S. 61), Rötscher (Aristophanes und sein Zeitalter S. 256), Hügli (Dissertation über das Dämonium des Sokrates) und Erdmann (Geschichte der Philosophie I, S. 74). Auch Thilo (Pragmatische Geschichte der Philosophie I, S. 80 u. 85) nennt das Dämonium ein „ursprünglich in Sokrates energisch und rein wirkendes ethisches Urtheil". Eine solche begriffliche Identificirung ist nun jedenfalls falsch: das Gewissen ist ein viel umfassenderer Begriff, es bezieht sich auf vergangene und zukünftige Handlungen, es stellt eine sittliche Norm auf und übt eine sittliche richterliche Entscheidung aus, dagegen das Dämonium des Sokrates ist zunächst keine über vergangene Handlungen richtende Stimme, sondern bezieht sich, nach den directen Aussagen des Sokrates wenigstens, immer nur auf zukünftige Handlungen, und zwar negativ, indem es den Sokrates von der Ausführung derselben in gewissen Fällen abhält. Aber wenn jene beiden Begriffe nun auch logisch nicht identificirt werden können, schließt das aus, daß wir in dem Dämonium nicht die Thatsache des Gewissens erkennen dürften? Der negative Charakter des Dämoniums ist doch immerhin nur die eine Seite der Sache, sein Schweigen ist eben eine Bestätigung der sittlichen Zulässigkeit der betreffenden Handlung, und wenn Sokrates Apol. 40 c. sagt, es wäre das Ausbleiben des Dämoniums merklärlich, wenn er nicht im Begriff gewesen wäre etwas

---

*) Man findet sie bei Zeller a. a. O. S. 62 ff. und bei Hügli: Das Dämonium des Sokrates, eine Abhandlung über das Wesen desselben S. 13 ff.

Gutes zu vollbringen, so zeigt das eben, daß es nur unmittelbar verbietend war, mittelbar aber auch antreibend, weil erlaubend (cf. Schleiermacher in den Anmerkungen zu seiner Uebersetzung der Apologie: Plato's Werke II, S. 436). Wir haben aber sogar auch einzelne Stellen, wo eine richtende Thätigkeit des Dämoniums wenigstens indirect angenommen ist. So Phaedr. 242: $\dot{\eta}\nu i\chi'$ $\ddot{\epsilon}\mu\epsilon\lambda\lambda o\nu$ $\ddot{\omega}$ $\gamma\alpha\vartheta\acute{\epsilon}$, $\tau\grave{o}\nu$ $\pi o\tau\alpha\mu\grave{o}\nu$ $\delta\iota\alpha\beta\alpha\acute{\iota}\nu\epsilon\iota\nu$, $\tau\grave{o}$ $\delta\alpha\iota\mu\acute{o}\nu\iota o\nu$ — $\dot{\epsilon}\gamma\acute{\epsilon}\nu\epsilon\tau o$ — $\kappa\alpha\acute{\iota}$ $\tau\iota\nu\alpha$ $\varphi\omega\nu\grave{\eta}\nu$ $\ddot{\epsilon}\delta o\xi\alpha$ $\alpha\dot{v}\tau\acute{o}\vartheta\epsilon\nu$ $\dot{\alpha}\kappa o\ddot{v}\sigma\alpha\iota$, $\ddot{\eta}$ $\mu\epsilon$ $o\dot{v}\kappa$ $\dot{\epsilon}\ddot{\alpha}$ $\dot{\alpha}\pi\iota\acute{\epsilon}\nu\alpha\iota$ $\pi\rho\grave{\iota}\nu$ $\ddot{\alpha}\nu$ $\dot{\alpha}\varphi o\sigma\iota\acute{\omega}\sigma\omega\mu\alpha\iota$, $\ddot{\omega}\varsigma$ $\tau\iota$ $\dot{\eta}\mu\alpha\rho\tau\eta\kappa\acute{o}\tau\alpha$ $\epsilon\dot{\iota}\varsigma$ $\tau\grave{o}$ $\vartheta\epsilon\ddot{\iota}o\nu$. Das Dämonium hindert ihn doch nur deßwegen am Ueberschreiten des Flusses, weil er sich eines Unrechts bewußt ist, das ihm, wie aus den folgenden Worten hervorgeht, während der Rede noch dunkel war, jetzt aber ihm deutlich zum Bewußtsein gekommen ist ($\sigma\alpha\varphi\ddot{\omega}\varsigma$ $o\dot{v}\nu$ $\ddot{\eta}\delta\eta$ $\mu\alpha\nu\vartheta\acute{\alpha}\nu\omega$ $\tau\grave{o}$ $\dot{\alpha}\mu\acute{\alpha}\rho\tau\eta\mu\alpha$ — $\nu\ddot{v}\nu$ δ' $\ddot{\eta}\sigma\vartheta\eta\mu\alpha\iota$ $\tau\acute{o}$ $\dot{\alpha}\mu\acute{\alpha}\rho\tau\eta\mu\alpha$). Gegen den wesentlich verbietenden Charakter des Dämoniums, wie ihn Sokrates oft genug ausdrücklich erwähnt, kann freilich diese eine Stelle nicht viel verschlagen, aber es tritt doch immerhin die Möglichkeit einer richtenden Thätigkeit jener innern Stimme deutlich zu Tage.*) Damit stimmen auch einzelne Stellen bei Xenophon, wo das Dämonium dem Sokrates sowohl das $\mu\dot{\eta}$ $\pi o\iota\epsilon\ddot{\iota}\nu$ als das $\pi o\iota\epsilon\ddot{\iota}\nu$ verkündet (cf. Xen. Apol. Socr. 12. Memor. I 1, 4. 4, 15. IV 3, 12. 8, 1).

Wenn so das Dämonium jedenfalls ein steter Begleiter des Sokrates war, aus dessen Schweigen oder Sichkundgaben er stets gewiß sein konnte, ob er eine Handlung unternehmen solle oder nicht, so kann man die sittliche Beschaffenheit der Handlungen, auf die es sich bezog, doch nicht so leicht von der Hand weisen, wie dies Zeller thut; Letzterer will darum das Dämonium mit dem Gewissensbegriff nicht in Verbindung bringen, weil das Gewissen sich stets auf die sittliche Beschaffenheit unserer Handlungen beziehe, während die zukünftigen Handlungen, mit denen es das Dämonium zu thun hat, gar nicht nach der Seite ihres sittlichen Werthes, sondern nur nach der Seite ihres Erfolges in Betracht kämen. Zeller faßt es darum mit Andern als „die innere Stimme des individuellen Taktes, der er schon als Knabe tiefsinnig gelauscht hatte, und die in der Folge theils durch seine Lebenserfahrung und seinen Scharfblick, theils durch seine Selbsterkenntniß und sein sicheres Bewußtsein über das seiner Individualität Angemessene einen ungewöhnlichen Grad von Zuverlässigkeit erreichte". Aber das Dämonium hat bei Sokrates eben nicht bloß einen „ungewöhnlichen" Grad von Sicherheit, sondern eine absolut feste Sicherheit, so daß er sich in jeder Lage seines Lebens darauf verließ und selbst da, wo sein Leben auf dem Spiele stand. Der individuelle Takt kann nie eine solche Untrüglichkeit annehmen, wie sie Sokrates aus seinem Dämonium schöpft, und es ist dazu nicht einzusehen, warum derselbe dem Sokrates sich nur dann äußere, wenn er ihm eine Handlung verbietet. Dazu

---

*) Solche Möglichkeit ist wenigstens auch vorausgesetzt in dem Citat bei Stob. Floril. 24: $\Sigma\omega\kappa\rho\acute{\alpha}\tau\eta\varsigma$ $\dot{\epsilon}\rho\omega\tau\eta\vartheta\epsilon\grave{\iota}\varsigma$ $\tau\acute{\iota}\nu\epsilon\varsigma$ $\dot{\alpha}\tau\alpha\rho\acute{\alpha}\chi\omega\varsigma$ $\zeta\ddot{\omega}\sigma\iota\nu$ $\epsilon\dot{\iota}\pi\epsilon\nu$ „$o\dot{\iota}$ $\mu\eta\delta\grave{\epsilon}\nu$ $\dot{\epsilon}\alpha\upsilon\tau o\ddot{\iota}\varsigma$ $\ddot{\alpha}\tau o\pi o\nu$ $\sigma\upsilon\nu\epsilon\iota\delta\acute{o}\tau\epsilon\varsigma$".

kommt aber, daß das Dämonium sich ganz gewiß auch auf die sittliche Werthschätzung der Handlungen bezieht: es wird zuvörderst die Selbsterkenntniß von Sokrates nicht nur auf das Erkennen von seinem Wissen und Nichtwissen, sondern auch auf das Erkennen seines moralischen Werthes bezogen (cf. Mem. IV 2, 24 u. 25. Phaedr. 229. 230). Er sagt Apol. 40a: $\dot{\eta}$ $\varepsilon\dot{\iota}\vartheta\upsilon\iota\dot{\alpha}$ $\mu\omicron\iota$ $\mu\alpha\nu\tau\iota\varkappa\dot{\eta}$ $\dot{\eta}$ $\tau\omicron\tilde{\upsilon}$ $\delta\alpha\iota\mu\omicron\nu\dot{\iota}\omicron\upsilon$ — $\pi\acute{\alpha}\nu\upsilon$ $\dot{\varepsilon}\pi\dot{\iota}$ $\sigma\mu\iota\varkappa\rho\omicron\tilde{\iota}\varsigma$ $\dot{\varepsilon}\nu\alpha\nu\tau\iota\omicron\upsilon\mu\acute{\varepsilon}\nu\eta$, $\varepsilon\check{\iota}$ $\tau\iota$ $\mu\acute{\varepsilon}\lambda\lambda\omicron\iota\mu\iota$ $\mu\dot{\eta}$ $\dot{\omicron}\rho\vartheta\tilde{\omega}\varsigma$ $\pi\rho\acute{\alpha}\xi\varepsilon\iota\nu$, und nachher: das Dämonium würde ihm auf dem Weg zum Gericht jedenfalls entgegengetreten sein, $\varepsilon\dot{\iota}$ $\mu\acute{\eta}$ $\tau\iota$ $\check{\varepsilon}\mu\varepsilon\lambda\lambda\omicron\nu$ $\dot{\varepsilon}\gamma\dot{\omega}$ $\dot{\alpha}\gamma\alpha\vartheta\acute{\omicron}\nu$ $\pi\rho\acute{\alpha}\xi\varepsilon\iota\nu$. Hier beziehen sich das $\dot{\omicron}\rho\vartheta\tilde{\omega}\varsigma$ u. $\dot{\alpha}\gamma\alpha\vartheta\acute{\omicron}\nu$ ganz gewiß auf die sittliche Beschaffenheit der Handlung, wenn auch das letztere nur indirect: direct bezieht es sich auf das Erscheinen des Sokr. vor Gericht und auf seine Verurtheilung, aber daß er diese für kein Uebel anzusehen habe, schließt er aus dem Schweigen des Dämoniums, das Dämonium schwieg aber doch nur, weil Sokrates im Bewußtsein seiner Unschuld vor Gericht stand.*) Das Däm. verbietet ihm auch eine eigentliche Vertheidigungsrede zu halten; warum? weil Sokrates sich selbst belügen würde und ein unehrliches Spiel triebe, wenn er, der sich keiner der Anklagen schuldig weiß, sich vertheidigen würde. Nach Apol. 31 verbot ihm das Däm. Staatsgeschäfte zu treiben, weil er sich bewußt ist, daß er als Privatmann seinem Volke mehr nützen, besser Ungerechtes und Gesetzwidriges im Staate verhindern und für das Gerechte streiten könne. Nach Theaetet 151a. erlaubte ihm das Dämonium, einige von seinen früheren Schülern wieder anzunehmen, andere dagegen abzulehnen: der Entscheidungsgrund lag doch offenbar in der sittlichen Beschaffenheit dieser Schüler. Die Weigerung des Sokrates, in die gesetzwidrige Verurtheilung der Feldherrn nach der Schlacht bei den Arginusen zu stimmen, wird von Xenophon (Memorab. I 1, 17) dadurch motivirt, daß er seinen Eid nicht habe brechen wollen aus Scheu vor den Göttern, die überall dem Menschen nahe sind und ihm Antwort geben und Andeutungen über alle menschlichen Angelegenheiten. Wie soll man das anders als ein gewissenhaftes Handeln bezeichnen? Auch das $\varkappa\alpha\lambda\tilde{\omega}\varsigma$ in Mem. I 1, 7 ist jedenfalls den nachfolgenden menschlichen Fertigkeiten gegenüber im sittlichen Sinn zu fassen. Diese Beispiele ließen sich noch vermehren, sie zeigen deutlich, daß das Dämonium sich nicht nur auf den Erfolg der Handlung erstreckt. Diese letztere Auffassung stützt sich wesentlich auf den Abschnitt Mem. I 1, 1—9. Hier sagt Xenophon, Sokrates habe seinen Freunden gerathen, wegen derjenigen Dinge, von denen man nicht wissen könne, wie sie ablaufen würden, durch Mantik zu erforschen, ob sie dieselben thun sollten, denn die Götter hätten es allein in der Hand, ob die menschlichen Unternehmungen zum Nutzen ausfielen oder nicht; aber wegen der Dinge, die man selbst entscheiden könnte, sei es sinnlos, die Götter zu befragen; solche Entscheidung aber, sagt man, könne der

---

*) Hügli (a. a. O. S. 36) führt dies an als eine Stelle, wo das Dämonium sich auch auf die Vergangenheit beziehe: indirect allerdings!

Menſch in ſittlichen Dingen treffen, da das Gute ja gerade auf menſch=
licher Einſicht beruhe, alſo könne das Dämonium, das die Mantik des
Sokrates war, ſich auch nur auf den Erfolg beziehen. Aber die Dinge,
die der Menſch ſelbſt entſcheiden könne, kommen hier ja gar nicht nach
der Seite ihrer ſittlichen Beſchaffenheit in Betracht, ſondern es ſind
lediglich menſchliche äußere Fertigkeiten, wie das Lenken von Wagen
und Schiffen und Dinge ἃ ἔξεστιν ἀριϑμήσαντας ἢ μετρήσαντας
ἢ στήσαντας εἰδέναι. Dagegen verlangt er gerade bei ſolchen An=
gelegenheiten, wo es auf die ſittliche Tüchtigkeit und nicht eine menſch=
liche Fertigkeit ankommt (z. B. τοὺς μέλλοντας οἴκους τε καὶ πόλεις
καλῶς οἰκήσειν) eine Beſtätigung der Handlungen durch die Mantik.
Und dann, dem Sokrates ſind ja gerade diejenigen Handlungen gute,
die nützen und alſo von Erfolg begleitet ſind, wenn alſo die Mantik,
die bei ihm in ſeinem Dämonium beſtand, ihm andeutet, daß eine
Handlung von Erfolg begleitet ſei, ſo iſt ſie nach der eudaimoniſt.
Einkleidung ſeiner Ethik ihm gerade eine gute Handlung, und beßwegen
thut er ſie. Es beſteht alſo keineswegs ein Widerſpruch darin, daß
wir ſagen, das Dämonium ſei für Sokrates eine ſittliche Inſtanz
geweſen und daß er andererſeits das ſittliche Handeln auf die klare
Einſicht gründete: das Handeln nach klarer Einſicht war eben ein
ſittlich gutes, bei dem das Dämonium ſchwieg, wo es gar nicht in
Betracht kam.

Endlich muß man bei dieſer Erörterung Mem. I 1 nicht ver=
geſſen, daß ſie eine Apologie des Xenophon iſt, der ſeinen Lehrer gegen
die Anklage der Gottesverachtung dadurch ſchützen will, daß er von
ihm ſagt, er habe die Mantik ebenſogut gebraucht wie andere; er
ſtellt alſo das Dämonium des Sokrates auf eine Stufe mit den
Orakeln. Aber obwohl Sokrates ſein Dämonium unzweifelhaft als
eine Stimme der Gottheit betrachtete, ſo iſt doch immerhin noch ſehr
zweifelhaft, ob er es mit dem Orakelweſen ſo ganz und gar identificirt
hatte, wie Xenophon aus apologetiſchen Gründen es den Athenern
gegenüber thut. Es iſt doch in der That noch ein bedeutender Unter=
ſchied: die Orakel, wie ſie Xenophon im Auge hatten, beſtehen in
äußeren Zeichen, dagegen das Dämonium iſt eine innere Stimme;
die Orakel muß ſich der Menſch erſt ſelbſt auslegen, das Dämonium
iſt eine klare, ſtricte Ausſage des göttlichen Willens, die dem Sokrates
nicht im Geringſten zweideutig iſt; jene Mantik tritt außerdem nur
ſporadiſch und nur dann ein, wenn der Menſch ſie in Anſpruch nimmt,
das Dämonium iſt ein ſteter Begleiter des Sokrates und offenbart
ſich ihm ungefragt; jene Mantik hat endlich rein divinatoriſche Zwecke,
das Dämonium hat es nie mit dem Einblick in den Cauſelnexus zu=
künftiger Ereigniſſe zu thun, es bezieht ſich vielmehr lediglich auf
Handlungen, die er im Begriff iſt zu unternehmen, es ſagt ihm,
ob er ſie ausführen ſolle oder nicht. Dieſe Unterſchiede ſind nicht zu
verkennen und machen es daher höchſt wahrſcheinlich, daß Xenophon
aus apologetiſchen Gründen eine ſolche abſolute Gleichſtellung des
Dämoniums mit der griech. Mantik ſo beſonders hervorhebt. Freilich

2

wollen wir nicht sagen, daß er damit in Widerspruch gegen seine bessere Meinung über das Wesen des Dämoniums getreten sei, er hat das Wesen um so weniger erfassen können, als auch sein Lehrer selbst, wie aus Allem hervorgeht, nach der ihm bekannten Begriffswelt das Dämonium nicht anders als unter der Kategorie der Mantik unterzubringen wußte. Darin zeigt Sokrates nur seine Abhängigkeit von der Zeit, wir finden hier nur die mangelhafte begriffliche Einkleidung, die bei dem Mangel aller methodischen Psychologie nicht anders möglich war. Das kann uns aber doch nicht hindern, nach unserer Psychologie in der Thätigkeit des Dämoniums die Thatsache des Gewissens zu erblicken, wobei wir also nicht den Begriff des Dämoniums mit dem Begriff des Gewissens als identisch hinstellen wollen.

Bei dem Mangel in der Auffassung, wie sie Sokr. von seinem Dämonium hegte, steht aber jedenfalls die Idee der Gottesoffenbarung, die in jene begriffliche Form der Mantik eingekleidet wird, in engster Verbindung mit dem ganzen Charakter der sokrat. Philosophie. Sokr. sucht eine Wahrheit, die unabhängig ist von dem individuellen Gutdünken, und eine solche absolut verbindliche Wahrheit, an die der Mensch sich unverbrüchlich halten kann, wird ihm durch sein Dämonium geoffenbart; denn nur die Götter besitzen alle Weisheit, die den sittlichen Werth einer Handlung zu bestimmen im Stande ist (cf. Memor. I 32. Plato Crito 48). Sokr. faßt ja die Gottheit nach Mem. I 4, 17 als den im Weltall wohnenden und waltenden, Alles ordnenden allgegenwärtigen Verstand, dessen Verhältniß zur Welt demjenigen des Körpers zur Seele verglichen wird. Den Beweis für das Dasein der Gottheit führt er ganz und gar teleologisch, freilich in ziemlich äußerlicher Weise, und mit dieser teleologischen Betrachtung der Welt war dann auch der Vorsehungsglaube von selbst gegeben (cf. die Gespräche mit Aristodemus Mem. I 4 u. mit Euthydemus IV 3). Wenn er sich im Uebrigen auch grundsätzlich aller theologischen Speculation enthält[*]), so ragt er doch schon durch jene reineren Vorstellungen über die Gottheit über seine Zeitgenossen empor; ebenso auch durch seine Grundsätze über den Cultus: er will zwar, daß sich jeder darin nach dem Herkommen richte (Mem. IV 9, 16. X 3, 1), aber er wollte die Götter nur um das bitten, was gut sei, weil sie dies allein am besten wüßten, und nicht um irgend ein äußeres Gut. Auch komme es bei den Opfern nicht auf deren Größe und Werth, sondern nur auf die Gottesfürchtigkeit der Opfernden an (ib. I 3, 3). So sehen wir auch hier deutlich genug den Grundsatz der Innerlichkeit hervortreten.

Sokrates sagt nun aber ferner, daß das Göttliche vor Allem in der Seele des Menschen sich zeige und darin gebiete: ἀνθρώπου γε ψυχή — — τοῦ θεοῦ μετέχει, ὅτι μὲν βασιλεύει ἐν ἡμῖν (Mem.

---

[*]) cf. Mem. I 1, 11 u. 16. Daß Sokr. Monotheist war, kann man nicht direct sagen, er redet gewöhnlich von den Göttern in der Mehrheit (cf. Mem. I 1, 19. 3, 3. 4, 11. IV 3, 3 ff.), hebt aber auch öfter die Einheit des Göttlichen hervor (ib. I 4, 5. 7. 17) und unterscheidet den Bildner und Regenten des Weltganzen von den übrigen Göttern (ib. IV 3, 13).

I 4, 16). Als Euthydemus meint, die Götter hätten sich dem Sokrates durch die Ertheilung des däm. Zeichens besonders günstig erwiesen, sagt ihm dieser, er solle nur von dem thörichten Verlangen ablassen, außer sich die Gestalten der Götter schauen zu wollen, dann werde auch er in sich die Wirkung des Göttlichen (τὸ δαιμόνιον) erfahren (ib. IV 3, 13 ff.). Denn, heißt's an einer andern Stelle, die Seele sei nur ein abgelöster Theil der allgemeinen Vernunft, die durch die Götter repräsentirt wird, ebenso wie der Körper des Menschen Theil habe an den elementaren Bestandtheilen der Erde (ib. I 4, 8); ferner: die Götter hätten den Menschen die Kenntniß ihrer Herrlichkeit eingepflanzt (ib. I 4, 16). Nach diesen Aussprüchen ist sein Grundsatz, Alles mit vernünftiger Einsicht zu thun, bei ihm identisch mit der Forderung, das Göttliche zu thun, denn die Götter repräsentiren die höchste Vernunft. Wenn so Sokr. die menschliche Natur an der göttlichen Theil haben läßt, wo anders soll dies Göttliche liegen als im Dämonium? und wenn dies ihm gewisse Handlungen verbietet, so ist es nur, weil sie im Widerspruch stehen mit der höchsten sittlichen Vernunft, mit der Gottheit (cf. Mem. IV 8, 11: εὐσεβὴς μὲν οὕτως, ὥστε μηδὲν ἄνευ τῆς τῶν θεῶν γνώμης ποιεῖν). So redet Sokr. dann auch ausdrücklich von ἄγραφοι νόμοι, welche von den Göttern gegeben seien und in jedem Land auf gleiche Weise Geltung hätten (Mem. IV 4, 19—21). Hier ist also eine höchste Instanz, und eine objectiv gültige, über menschliches Gutdünken erhabene Norm, nicht anders, als was wir das Gewissen zu nennen pflegen.

Aus diesem Zusammenhang des Dämoniums mit der göttlichen Anlage der menschlichen Seele überhaupt müßte folgen, daß auch Andere als Sokrates diese innere Stimme vernehmen müßten; aber Sokr. setzt dies in der That auch voraus: in Rep. X 496 nimmt er wenigstens die Möglichkeit an, daß jene Stimme auch Andern zu Theil werde, ganz deutlich aber weist das oben angeführte Gespräch mit Euthydemus darauf hin, daß Sokrates selbst glaubte, es sei der Anlage nach in allen Menschen vorhanden: diese würden es auch vernehmen, wenn sie nicht so thöricht wären, nur mit den Sinnen die Götter erfassen zu wollen (Mem. IV 3, 13).

Wir müssen allerdings zugeben, daß diese Aeußerungen über ein Vorhandensein des Dämoniums bei Andern sehr vereinzelt sind; im Großen und Ganzen stellen es wenigstens die Berichterstatter so dar, daß es etwas ihm ganz eigenthümliches gewesen sei. Es ist das um so auffallender, da nicht nur im griech. Volksbewußtsein die Idee des Gewissens unzweifelhaft sehr stark vorhanden war, sondern auch von Xenophon und Plato selbst direct erwähnt wird.*) Man sollte also doch meinen, daß des Sokrates Schüler ihn recht wohl hätten verstehen müssen, wenn er vom Gewissen geredet hätte. Aber man beachte wohl, daß unsere Aufgabe dem Dämonium gegenüber nicht die

---
*) Mem. II 9, 6 heißt's von Krito: συνειδὼς αὐτῷ πολλὰ καὶ πονηρά. — Phaedr. 235 c. sagt Sokr. selbst: συνειδὼς ἐμαυτῷ ἀμαθίαν. — Rep. 331 a.: τῷ δὲ μηδὲν ἑαυτῷ ἄδικον ξυνειδότι ἡδεῖα ἐλπὶς ἀεὶ πάρεστι.

ist, zu untersuchen, wofür jene es gehalten haben, sondern unter welches psychologische Gesetz wir es zu bringen haben. Aber hätte auch Sokrates dies versucht, es auf ein solches Gesetz zurückzuführen? Keineswegs, vielmehr verhält sich die Sache nach unserer Auffassung also: die Idee und die Thatsache des Gewissens waren in dem griech. Volksbewußtsein vorhanden, einen Begriff davon gab es aber nicht, wie überhaupt keine begriffliche Auffassung der Ethik. Die Philosophie des Sokr. ist der erste Versuch, die Ethik wissenschaftlich zu begründen; dieser Versuch ist noch sehr mangelhaft, weil ihm die metaphysische und psychologische Basis fehlt, er ist noch ein mühseliges Ringen des Geistes mit dem Herkommen, aber die Ethik wird gerade durch den sokratischen Grundsatz, dieselbe auf's Wissen zu begründen, doch auch inhaltlich schon umgestaltet, weil der Schwerpunkt in den Menschen verlegt wird; und die Aussagen über das Dämonium sind der erste Versuch, der Thatsache des Gewissens eine begriffliche Bezeichnung zu verleihen, freilich eine solche, die, wie wir sahen, noch ganz und gar an Vorstellungen der Zeit sich anlehnt und damit zugleich auf's Engste mit dem Religiösen verbunden bleibt. Schon deßwegen, weil bei Sokrates die sittlichen Maximen noch ganz und gar mit den religiösen Anschauungen verschmolzen bleiben, konnte ein eigentlich dialectisch vermittelter Gewissensbegriff bei ihm nicht zu Tage treten, es zeigt sich, wie in der gesammten sokratischen Philosophie, so auch speciell in diesem Punkt nur ein Streben, die Begriffe von den Vorstellungen zu trennen.

Daß aber in jenem Versuch des Sokrates, die Gewissensthatsache unter eine begriffliche Kategorie zu bringen, die über Vergangenes richtende Thätigkeit des Gewissens nicht zu ihrem Rechte kam, liegt ganz einfach in einem psychologischen Gesetz, das als solches dem Sokrates freilich nicht zum Bewußtsein kam: er war, was wir sagen, ein gewissenhafter Mensch; das Gewissen regt sich nicht, wo wir das Gute thun; das erfuhr auch Sokrates, er hörte die göttliche Stimme nur als warnende, wenn er etwas Böses vorhatte, und so stellt er eben auch in seiner lehrhaften Thätigkeit ganz naiv das Dämonium nur nach dieser Seite hin dar. So kam es, daß auch seine Schüler von keiner andern Thätigkeit des Dämoniums uns zu berichten wissen.

Ich will also keineswegs sagen, daß der Begriff des sokratischen Dämoniums und unser Gewissensbegriff sich decken, vor Allem nicht inhaltlich. Aber es ist bei einer Untersuchung über jenes zunächst gar nicht Rücksicht zu nehmen auf den Inhalt dessen, was ihm erlaubt und verboten schien; das läßt man gewöhnlich auch außer Acht, wenn man den Zusammenhang des sokratischen Dämoniums mit dem Gewissensbegriffe läugnet. So schreibt Jahnel (De conscientiae notione qualis fuerit apud veteres et apud christianos etc. pag. 9): si respexeris quibus de rebus edoceamur conscientia et de quibus Socratem docuerit daemonium, magnam videbis inter utramque rem differentiam. Natürlich, aber diese differentia kommt bei der Frage, ob wir in der Stimme des Dämoniums die Thätigkeit des

Gewissens zu erkennen haben, gar nicht in Betracht. Ich will, wenn ich diese Frage bejahe, doch wahrhaftig nicht sagen: dem Sokrates war Alles dasselbe durch sein Dämonium erlaubt oder verboten, was uns durch unser Gewissen; nein, die griechische Sittlichkeit war eine andere als die unsere, sie stand zu Zeiten des Sokrates auf einem Standpunkt, der uns höchst lax erscheint, und Sokrates selbst bewegt sich ohne Widerspruch seines Dämoniums in Verhältnissen, die wir durch unser Gewissen als verboten erachten. So ist dort, entsprechend der ganzen Zeitlage, das Gewissen nicht so scharf und umfassend, als wir es nach geläuterteren sittlichen Anschauungen auffassen, auch das muß es uns erklären, daß der Versuch, es irgendwie auf einen begrifflichen Ausdruck zu bringen, höchst mangelhaft und einseitig ausfallen muß. Jedenfalls aber geschieht es in der Geschichte der griechischen Philosophie zum ersten Male bei Sokrates, daß die Thatsache unseres Geisteslebens, die wir Gewissen nennen, innerhalb der philosophischen Speculation verwerthet ist, wenn auch in einer Weise, die unserem Gewissensbegriff gegenüber gleich mangelhaft ist in Form wie Inhalt.

Eine Fortentwicklung der sokratischen Philosophie müßte darin liegen, daß, was Sokrates nur als Princip und Forderung ausgesprochen hatte, die begriffliche Erkenntniß und das darauf basirende Handeln, dialectisch zu entwickeln und systematisch darzustellen: es geschah dies durch Plato, bei dem wir daher für unsere Untersuchung länger zu verweilen haben werden. Doch müssen wir zunächst noch einen Blick auf die kleineren Schulen des Sokrates werfen, die Megariker, Cyniker und Cyrenaiker.

Wir werden uns bei diesen „einseitigen und unvollkommenen Sokratikern" vergebens nach einem Anhaltspunkte umsehen, an dem wir — von einer Lehre über das Gewissen gar nicht zu reden — wahrnehmen könnten, daß ihnen dasselbe als vorhandene Thatsache auch nur zum Bewußtsein gekommen wäre. Wie war es bei ihrer „Einseitigkeit" auch anders möglich? Die Thatsache des Gewissens kommt nur da zu ihrem Recht, wo die Lebensthätigkeit sich allseitig entfaltet, wo sie alle sich uns darbietenden Verhältnisse, in denen sich die ethischen Kräfte des Geistes erproben können, erfaßt und harmonisch durchbringt. Das war bei Sokr. der Fall gewesen, bei ihm wurde der wissenschaftliche Mangel seiner Philosophie durch sein Leben ersetzt, so daß seine Philosophie weiter wirken konnte: diese seine Schüler bildeten nur einzelne Punkte in der mangelhaften Begründung seiner Ethik weiter aus, und zwar dies in einer Weise, daß dadurch der Gewissensbegriff geradezu ausgeschlossen wurde. Zunächst schon deßwegen, weil ihnen gerade das, was Sokrates angestrebt hatte, eine objectiv gültige Wahrheit, unter den Händen zerrann. Die Megariker wollten in richtigem Streben das durch Sokrates aufgestellte Princip, daß der höchste Gegenstand des Wissens das Gute sei, dialectisch begründen, und zwar dadurch, daß sie das Gute mit dem allein wesenhaften Sein der eleatischen Philosophie verschmolzen; aber indem sie nun auch mit Parmenides dem Sein jede Bewegung absprechen, blieb ihnen auch das Gute ein abstractes todtes Ding, und es ist schließlich doch wieder dem subjectiven Bewußtsein des Einzelnen überlassen, wie jenes sich in seinem Bewußtsein reflectirt. Daher die megarische Schule in jene Eristik ausartete, die den Uebergang bildete zur Skepsis. Doch hat die megarische Schule überhaupt bei dem völligen Mangel aller inhaltlichen Bestimmungen des Guten weniger Bedeutung für die Ethik, als für die Dialectik, aber durch letztere mußte die erstere consequent wieder auf einen ähnlichen Standpunkt wie den der Sophisten zurückgebracht werden, und es lag in der megarischen Dialectik die für das praktische sittliche Leben jedenfalls sehr gefährliche Folgerung, die auch ausgesprochen wurde, daß dem Bösen als dem Gegentheil des Guten überhaupt keine Existenz zukomme (cf. Diog. Laert. II 106: τὰ δ'ἀντικείμενα τῷ ἀγαθῷ ἀνῄρει, μὴ εἶναι φάσκων).

Auch bei den beiden andern Schulen, den Cynikern und Cyrenaikern, kam schließlich doch nur wieder ein Subjectivismus zu Tage, wie ihn Sokrates gerade aufzuheben gestrebt hatte. Indem sie nämlich ausgingen von der eudaimonistischen Begründung der sokratischen Ethik, machen sie principiell das individuelle Subject wieder zum Mittelpunkt des ethischen Lebens, und zwar näher die Cyniker das abstract in sich verharrende Subject, das die Erfüllung ethischer Aufgaben in den verschiedenen Lebenskreisen zu seiner Befriedigung nicht nöthig hat, und die Cyrenaiker das empfindende Subject, dem die Erfüllung solcher Aufgaben nur zur Befriedigung seiner persönlichen Lustempfindung dienen muß.*) Dazu kommen aber im Einzelnen in den Lehrbestimmungen dieser Schulen Grundsätze, die bei mancherlei Wahrheitsgehalt, der in denselben nicht zu verkennen ist, doch in den Consequenzen zur Verwerfung jeder objectiven sittlichen Norm führte. Es lag gewiß ein Kern von Wahrheit darin, wenn Antisthenes die Glückseligkeit nicht in irgend einem äußeren Besitz, sondern in der Tugend allein suchen wollte, denn nur sein geistiger Besitz sei ein wirkliches Eigenthum des Menschen (Diog. Laert. VI 104, 105), aber die Tugend selbst wird dann nur rein negativ bestimmt als die Vermeidung des Bösen, d. h. die Vermeidung aller Lust und Begierde, die uns an Bedürfnisse und Genüsse fesselt; ihr positives Tugendideal sollte sich darstellen in ihrem Leben: daher jener philos. Weisheitsdünkel, der sich in den überschwänglichsten Ausdrücken ergeht (cf. ib. VI 35. 51. 72). Zu den Dingen aber, die der Weise alle ruhig entbehren kann, gehört nicht nur Reichthum, Ruhm, Ehre, jede Bequemlichkeit und Annehmlichkeit des äußeren Lebens, sondern auch ethische Güter und Pflichten: für den Weisen, der in seiner Selbstgenügsamkeit durch kein Verhältniß zu anderen gestört sein darf, gibt es keine Pflichten gegen die Familie — die durch die von Diogenes (ib. VI

---

*) Von Antisthenes erzählt Diog. Laert. (VI 6): ἐρωτηθεὶς τί αὐτῷ περιγέγονεν ἐκ φιλοσοφίας, ἔφη, „τὸ δύνασθαι ἑαυτῷ ὁμιλεῖν". Dagegen habe Aristipp (ib. II 68) auf die nämliche Frage geantwortet: „τὸ δύνασθαι πᾶσι θαρροῦντως ὁμιλεῖν."

72) geforderte Weibergemeinschaft schon von selbst aufhört, — noch gegen den Staat, dessen Gesetze daher für den Weisen nicht verbindlich sein können, denn auf die Frage des πόθεν weiß Diogenes nur zu antworten: κοσμοπολίτης (ib. VI 63. VI 11. 38). Aber auch die natürlichen Sittengesetze können für den Weisen keinen Zwang haben: das Schamgefühl bestand für die Cyniker nicht (ib. VI 22. 69); im Fälschen von Münzen, im Tempelraub, ja im Genuß von Menschenfleisch sah Diagones nichts Unrechtes (ib. 20. 72)*); der Volksreligion standen sie auf eine Weise aufklärerisch gegenüber, die wohl nach unserem Bewußtsein bedeutende Wahrheitsmomente enthält, die aber vom Standpunkt der Griechen aus nihilistisch sein mußte; ihre Aussagen über Religion blieben im Uebrigen auch nur rein negativ, und so kam es, daß ihnen damit, in richtiger Consequenz ihrer Lehre, auch ein positiv bindendes natürliches Sittengesetz hinfällig wurde. So dürfen wir uns nicht wundern, wenn Antisthenes gelegentlich auch von dem Dämonium des Sokrates ziemlich geringschätzig redet, indem er seinen Lehrer eines προφασίζεσθαι dieser inneren Stimme für fähig hält. (cf. Xen. Symp. 8, 5.)

Die nämlichen nihilistischen Consequenzen sind auch in der cyrenischen Schule unvermeidlich. In seiner Erkenntnißtheorie sensualistisch, behauptete Aristipp folgerichtig, daß auch in Bezug auf das sittliche Handeln nur unsere Empfindungen maßgebend sein können, das beste Handeln wird für uns daher dasjenige sein, was unserer Empfindung am meisten zusagt, d. h. was uns Lust gewährt. Nun verläugnete sich freilich die Nachwirkung des sokr. Geistes auch bei Aristipp nicht, insofern er zum rechten Genusse der Lust die Einsicht verlangt**), welche die Güter des Lebens richtig gebrauchen lehrt, welche uns nicht zu Sclaven der Lust werden läßt, sondern uns die Freiheit des Selbstbewußtseins bewahrt (Diog. Laert. II 89. 91 ff.)***), aber man kann sich leicht denken, daß das praktische Leben sich an die bequemeren, für die Menge faßbareren Grundsätze anschloß, in denen eine objective sittliche Norm keinen Raum haben konnte. Die Lust wird nämlich nicht gefaßt als ein dauernder Zustand, sondern als die augenblickliche Lustempfindung (ib. II 66. 87), und sodann, was sittlich am bedenklichsten war: aus was die Lust für uns entsteht ist an sich ganz gleich-

---

*) Das ist denn auch wohl im Auge zu behalten bei Beurtheilung des Ausspruches, den Stobäus (Floril. 24, 14) von Diogenes zu berichten weiß: τίς γαρ ἂν ἧττον φοβοῖτό τι ἢ θαρσοίη μάλιστα ἢ ὅστις αὐτῷ μηδὲν συνειδείη κακόν.

**) Meiners (Krit. Gesch. der Ethik I S. 46 ff.) stellt daher die aristippische Lehre von der Lust allzu einseitig dar, wenn er letztere lediglich als sinnliche faßt.

***) Gegen die Weltentsagung der Cyniker macht Aristipp die treffende Bemerkung, es sei viel schwieriger verständig zu genießen als zu entsagen: Diog. Laert. II 75 antwortet er auf den Tadel über seinen Umgang mit der Hetäre Lais: ἔχω, οὐκ ἔχομαι ἐπεὶ τὸ κρατεῖν καὶ μὴ ἡττᾶσθαι ἡδονῶν ἄριστον, οὐ τὸ μὴ χρῆσθαι. Eine ähnliche Aeußerung führt Stobäus (Floril. XVII 18) von Aristipp an: κρατεῖ ἡδονῆς οὐχ ὁ ἀπεχόμενος, ἀλλ' ὁ χρώμενος μὲν μὴ προεκφερόμενος δέ, ὥσπερ καὶ νεὼς καὶ ἵππου οὐχ ὁ μὴ χρώμενος, ἀλλ' ὁ μετάγων ὅποι βούλεται.

gültig; eine Luft, die von der Sitte oder vom Gesetz für schlecht und unerlaubt erklärt würde, kann es daher nicht geben, denn wenn wir sie als solche empfinden, so ist sie gut, mag sie auch durch eine verwerfliche Handlung erzeugt sein (ib. II 87 ff. cf. Plato Phileb. 12d). Bürgerliche und sittliche Gesetze hält daher der Weise nur deßwegen, weil deren Nichtbeachtung mehr Unlust als Lust im Gefolge hat (ib. II 93). So ist Alles in eine schwankende Relativität versetzt, die Werthbestimmung des Handelns hängt lediglich von der willkürlichen Empfindung des Subjects ab, eine objectiv gültige Norm gibt es hier ebensowenig wie in dem dünkelhaften Egoismus der Cyniker.

III. Plato.

In die Bahnen des Sokrates nach dem Suchen einer objectiv gültigen Wahrheit lenkt von seinen Schülern nur Plato ein, dieser wahrhafte doctor seraphicus unter den alten Philosophen. Was bei Sokrates noch ein bloßer Trieb und eine persönliche Fertigkeit gewesen war, aus der Erscheinung der Dinge und ihrem concreten Sachverhalt die Begriffe zu entwickeln, das wird bei Plato zum wissenschaftlichen System, in welchem ihm neben der Welt der sinnlichen Erscheinung eine Welt der davon losgelösten, allein wirkliches Sein besitzenden Begriffe, d. h. der Ideen, entsteht. Damit ist eine, über der sinnlichen Erscheinungswelt stehende und ihr vorausgehende Objectivität geschaffen, und damit auch die ethische Aufgabe sofort bestimmt; da nämlich folgerichtig den Einzeldingen und überhaupt der gesammten sinnlichen Welt nur so viel wirkliches Sein zukommt, als sie theilhaben an den Ideen, so verhält es sich auch mit dem Menschen in seinem sittlichen Leben nicht anders: in der Ideenwelt, mit der er verknüpft ist durch seine Seele, liegt die höchste Förderung wie das höchste Ziel seines sittlichen Strebens. Damit hat Plato die Ethik des Sokrates auf eine feste wissenschaftliche Basis zu heben versucht; bei Sokrates blieb die Forderung des begrifflichen Wissens immer nur auf einen einzelnen Fall beschränkt und der Fähigkeit der Einzelintelligenz überlassen, die praktische formale Begründung der einzelnen ethischen Forderungen kann außerdem den Eudämonismus nicht ganz überwinden, bei Plato dagegen sind die ethischen Principien nicht von der Beschaffenheit oder Fähigkeit der Einzelintelligenz abhängig, sie sind vor und über derselben an sich vorhanden, und die eudaimonistische Begründung wird überflüssig, da das ethische Leben grade eben in dem Theilhaben an der Ideenwelt und darin allein seinen Werth hat. Durch diesen Zusammenhang mit der Ideenwelt gewinnt aber auch die praktische Verwirklichung der ethischen Forderungen ihre eigenthümliche Gestaltung bei Plato: jener Ideenwelt entspricht nicht der Mensch als Einzelwesen, sondern als Gesammtheit, die Ideen enthalten die Weltgesetze, die also auch nur in der Ideenwelt sich wahrhaft verwirklichen können. Daher kann das ethische Leben des Einzelnen auch nur dann ein wahrhaftes sein, wenn es als Mittel den höchsten sittlichen Zweck in der Gesammtheit herbeiführen hilft, b. h. das ethische Leben des Einzelnen geht auf in demjenigen des Staates.

In diesen letzteren Grundsätzen liegt nun ein Haupthinderniß, das, wie wir sehen werden, nicht nur den Plato, sondern die gesammte antike Welt nicht zur Gewinnung eines Gewissensbegriffes gelangen ließ. Trotzdem kann es uns nicht entgehen, daß die Grundlage für denselben ebenso vorhanden sein muß in der platonischen Ethik wie in der sokratischen, ja noch mehr, denn erstere ist die folgerichtige Fortsetzung der letzteren, die Objectivität, die bei Sokrates noch schwankend war, wird bei Plato thatsächlicher gefaßt und dann, was die Hauptsache ist, die Ethik findet bei letzterem auch ihre psychologische Vermittlung mit ihren höchsten Principien in der Ideenwelt. So werden wir finden, daß Plato nicht nur die Thatsache des Gewissens kennt, sondern auch eine gewisse Speculation über diese Thatsache, jedoch ganz in dem Rahmen seiner Gesammtspeculation und ohne ihr eine bestimmte begriffliche Aufstellung oder auch nur eine entsprechende Bezeichnung zu Theil werden zu lassen.

Die Erhebung des Bewußtseins in die Ideenwelt ist dem Plato die Voraussetzung aller wahren Tugend. Unsere Auffassung der Ideenwelt ist aber nur dann eine rechte, wenn wir dieselbe in ihrer organischen Zusammengehörigkeit, als ewige Einheit zu begreifen vermögen. Von den einzelnen Ideen, die als Voraussetzungen zu betrachten sind, müssen wir aufsteigen zu einem Voraussetzungslosen (Phaedo 101 d. ff.). Diesen Abschluß nun findet die Stufenreihe der Ideenwelt in der Idee des Guten, der höchsten von Allen, denn das Gute allein hat unbedingten Werth und alles Andere erhält solchen erst von ihm (cf. Rep. 505 a. 508 ff. Das ἱκανόν, zu welchem man nach Phaedo 101 d. aufzusteigen habe, ist nach Phileb. 20 d. das ἀγαθόν). Somit kann auch nur das Theilhaben an dieser höchsten Idee das ethische Leben zum Zielpunkte seiner Gestaltung erheben, b. h. den Besitz des höchsten Gutes für den Menschen herbeiführen. Die Idee des Guten aber fällt dem Plato zusammen mit der Gottheit*), daher im Theätet (176 a) die ὁμοίωσις τῷ θεῷ κατὰ τὸ δυνατόν als höchstes Moralgesetz aufgestellt wird (cf. Rep. X 613 a., VI 500 d.).

Dieser Ausdruck ὁμοίωσις nun wie auch der Zusatz κατὰ τὸ δυνατόν haben nun freilich ihren guten Grund. Zunächst in Bezug auf die Gottheit selbst. Plato sagt im Timäus (28), nachdem er

---

*) cf. Rep. 508 c. 517 b. Phil. 64 c. Rep. 379 a. ff. 380 d. 511 b. ff. Plato bekämpft die antike Lehre von dem Neid der Gottheit und die Meinung, daß von ihr das Böse abstamme: Tim. 29 d. 37 a. Phaedr. 247 a. rep. 379 b. Theact. 176 c. Ebenso weist er auch allen Anthropomorphismus und Anthropopathismus entschieden zurück: Phaedr. 246 c. Rep. 377 e. Euthyphro 6 b. 7 b. Krito 109 b. — Daß die Idee des Guten mit der Gottheit zu identificiren sei, dürfte trotz manchfacher Schwierigkeiten der Sache (wobei wir eben bedenken müssen, daß Plato nicht den Maaßstab unserer formalen Logik in der Hand hatte) wohl entschieden sein nach den Ausführungen von Zeller (Gesch. der Phil. der Griechen II, 1, S. 448 bis 454), Brandis (a a. O. S. 323 ff.), Ritter (Geschichte der Phil. II, 311 ff.) und Schleiermacher (Plato's Werke II 3, S. 134).

bemerkt, daß das Gewordene irgend eine Ursache haben müsse: τὸν
μὲν οὖν ποιητὴν καὶ πατέρα τοῦδε τοῦ παντὸς εὑρεῖν τε ἔργον
καὶ εὑρόντα εἰς πάντας ἀδύνατον λέγειν (cf. Rep. 517 b.). Diese
Worte sind gewiß nicht dahin aufzufassen, wie es schon bei Kirchen=
vätern vorkommt, als ob Plato eine Geheimlehre gehabt habe, die er
mit Rücksicht auf die positive Volksreligion seiner Zeit nicht habe aus=
sprechen wollen, dies ἀδύνατον λέγειν erklärt sich vielmehr aus dem
Ganzen der platonischen Philosophie. Die Idee ist nämlich für uns
nicht in ihrer reinen Einheit und ihrem wesenhaften Sein, sondern nur
im Werden zu begreifen Daher kann Gott nicht an sich selbst erkannt
werden, sondern nur in seinem Bilde (cf. leg. X 897), und das Gute
wird in drei Ideen gefaßt als Wahrheit, Schönheit und Ebenmaaß,
die sich auch in dem Abbilde Gottes, der Welt, darstellen (cf. Phileb.
65 a. Tim. 29 a. ff.). Daher wird Gott, als die Idee des Guten,
zuletzt im Erkennbaren und nur mit Mühe erblickt (Rep. 517 b. ff.
VI 505 a. Phaedr. 246 c.), und zwar nicht nur von den unphilo=
sophischen Seelen, die ausdauernd in das Göttliche nicht hineinzubringen
vermögen, sondern selbst von den Philosophen, die eben auch Menschen
sind (cf. Soph. 254 a. rep. 484). Die Gottheit ist allein im Besitz
der vollständigen Weisheit, der Mensch kann nur darnach streben
(Phaedr. 278 d. Parmen. 134 c.); die Gottheit ist allein gut, die
sinnliche Welt wie die Vielheit der Ideen ist nur gutartig (Protag.
344 c. Rep. 506 e. 509 a.), dem Menschen kommt daher nach obiger
Stelle aus dem Theätet auch nur eine möglichste Gottähnlichkeit zu,
in den Besitz der vollen Weisheit kann er erst nach dem Tode gelangen
(Phaedo 64 a. ff. 67 d.).

Dies hat aber seinen Grund nicht nur im Wesen der Idee des
Guten als der Gottheit, sondern andererseits auch im Menschen. Die
Aufgabe einer Verähnlichung mit Gott hat zu ihrer Voraussetzung
einmal ein Getrenntsein des Menschen von Gott, und in der Aufhebung
dieses Zwiespaltes besteht eben das Wesen der Ethik, andererseits aber
auch eine Verwandtschaft des Menschen mit Gott, denn es muß in
dem ersteren doch die Fähigkeit und damit die Möglichkeit einer solchen
ὁμοίωσις mit Gott liegen. Beides ist denn auch in der Lehre Platos
von der menschlichen Seele enthalten.

Nach Phileb. 30 a. ist die Seele für den menschlichen Körper
dasselbe, wie die Weltseele für den Leib des Weltganzen, also das Ver=
mittelnde zwischen Idee und Erscheinung und die Trägerin der Ver=
nunft, die sich keinem Wesen anders als nur durch Vermittelung der
Seele mittheilen kann (Tim. 30 b.). Die Seele ist daher in ihrem
Wesen der Idee auf's Innigste verwandt, sie ist im Gegensatz gegen
die Vielheit und Vergänglichkeit des Körperlichen gleich der Idee
schlechthin einfach, frei von aller Ungleichheit und Zusammensetzung,
daher auch wie jene ohne Anfang und ohne Ende (Rep. 611 b. ff.
Phaedo 78 b. ff. 105 c. ff.). Die Unsterblichkeit der Seele erstreckt sich
also folgerichtig nicht nur auf die Zukunft, sondern auch auf die Ver=
gangenheit. Es sind nämlich die Erkenntnisse des wahrhaft Seienden,

der Idee, aus der Wahrnehmung nicht zu entnehmen, wenn sie trotzdem unserer Seele inwohnen, so muß dieselbe schon vor ihrer Verbindung mit dem Körper ein Wissen und eine Vernunft gehabt haben, d. h. die Seelen sind präexistent, sie führten ein himmlisches seliges Leben im Anschauen der Ideen (cf. Phaedo 72e. ff. 76. Phaedr. 249b. Meno 81a. ff.). So ist denn die menschliche Seele von Natur gottverwandt, sie besitzt ein angeborenes göttliches Erbtheil, wie die heilige Scheu und die Gerechtigkeit (Protag. 322a.c. Phaedr. 230a.). Von jenem Zustande aus sind denn die Seelen mit dem Körper verbunden worden, sei es, wie der Timäus (41d.) erzählt, nach einem Weltgesetz, oder wie der Phädrus (246) berichtet, weil sie durch die ihr schon im Präexistenzzustande anhaftenden sterblichen Bestandtheile, den Muth und die Begierde, zum Abfall verleitet worden seien. Beide Berichte stimmen aber dann wieder in der Annahme einer Seelenwanderung überein. Letztere wird nur dadurch erforderlich, weil die Seele wie eine Gefangene im Kerker und dunkeln Grabe des Leibes gefesselt ist (Rep. 514 ff. Phaedo 62b. Krat. 400b.: σῶμα σῆμα), weil sie in ihrer Verbindung mit dem Körper, wenn auch nicht in ihrem inneren Wesen verändert, so doch in dem Wechsel des Werdens hinabgezogen, und in ihrem Streben gehemmt und beschwert wird, denn die niederen sinnlichen Kräfte in ihr gewinnen leicht die Oberhand (Phaedo 66b. ff. 79c. Tim. 43b. Rep. 631a.). Das empfindet die Seele wohl, also sehnt sie sich, möglichst bald von dem Uebel, an das sie gekettet ist, frei zu werden, und den Zustand ihrer wahren Reinheit wieder zu erlangen (Phaedo 66b. Krat. 403. Rep. 611c.).

In diesem Zustand, in der Anschauung der Ideenwelt, findet die Seele auch allein ihre höchste Lust. Es läßt sich von einem Plato, der die sokratische Ethik fortführte, nicht Anderes erwarten, als daß seine eigene Ethik entschieden antihedonistisch ist. Der gewöhnlichen Lust wird im Philebus (27—32) von vornherein dialectisch ihre Basis entzogen durch die Ausführung, daß dieselbe durch ihr Theilhaben an der Kategorie des Mehr und Minder dem Gebiete der Quantität angehöre, sie hat als in sich unbegrenzt weder Anfang noch Mitte noch Ende und muß daher von jener Ursache (αἰτία), die durch das Maaß in das Viele Unbegrenzte Einheit und Ordnung bringt, möglichst weit obliegen. Gehört somit die gewöhnliche Lust in das schwankende Gebiet des Werdens, so kann sie unmöglich ein Gut sein, denn das Gute ist ja, wie wir sahen, ein sich ruhendes, vielmehr muß in dem Besitz des höchsten Gutes eben auch die wahre Lust liegen (Rep. 585e.—588. 485d. Phil. 40b. Phaedr. 276d. Tim. 59c.). Damit hat Plato die sokratische Ethik, die das Princip der Innerlichkeit noch nicht vollständig durchführte, in der großartigsten Weise vertieft: die höchste Lust, das wahre Gut liegt in dem Menschen, in seinem geistigen Leben; der höchste Schmuck der Seele liegt nicht in der körperlichen Lust und Zierde, ihr Schmuck ist lediglich Besonnenheit, Gerechtigkeit, Tapferkeit, Freiheit und Wahrheit (rep. 611—612). Ihre Lust gestaltet sich im Einzelnen als Genuß an Künsten und Wissenschaften (Phil. 52. Rep.

586 c.), denn Plato ist Grieche genug, um das Leben einer reinen Apathie zurückzuweisen; vielmehr, da ja gerade das höchste Gut in der Theilnahme an der ewigen Natur des Maaßes, der Idee liegt, so muß sich auch das ethische Leben auf Einbildung dieses Maaßes in die Wirklichkeit, auf die Gestaltung eines harmonisch Vollendeten richten (Phil. 21 d. ff. 60 e. 63 e. 64 c. — 67).

Diesem Letzteren, der positiven Seite der platonischen Ethik, muß nun freilich etwas Anderes als nothwendige Bedingung vorausgehen. Gemäß dem oben angeführten Wesen der Seele und ihrem Verhältniß zum Körper ergibt sich nämlich zunächst nothwendig die negative Forderung der Ethik, die Seele vom Körper und seinen Einflüssen möglichst frei zu machen, sie durch ein Zurückziehen und Sammeln in sich selbst in den Stand zu setzen, daß sie die Hemmnisse des Körpers überwindet (Phaedo 64 ff. 67. 83 a. rep. 611 c. ff.). Diese Forderung, die später ganz consequent zur Ascese des Neuplatonismus führte, ist nichts Anderes, als was auch über das Verhältniß der einzelnen Seelentheile zu einander verlangt wird. Die Seele hat zwar, wie wir sahen, von ihrer Präexistenz her Theil an dem wahrhaften Sein und ist im Besitze der Vernunft, sie ist aber durch ihre Verbindung mit dem Körper auch in die Welt des Werdens und der Vergänglichkeit hineingezogen; somit unterscheidet Plato einen unsterblichen und einen sterblichen Theil der Seele, die durch eine vermittelnde Kraft verbunden werden (über die Theile der Seele cf. Tim. 69—73. Polit. 309 c. rep. 436 a. ff. 439. 441. 580 d. ff. Phaedr. 246 a. 253 c.). Der unsterbliche Theil ist die Vernunft (τὸ λογιστικόν), mit dem Sitz im Haupte und in dieser Königsburg zum Herrscher berufen. Der sterbliche Theil sind die sinnlichen Begierden und Leidenschaften, die lediglich nach sinnlichem Wohlsein begehren (τὸ ἐπιθυμητικόν). Beide werden vereinigt durch den Muth (ὁ θυμός, τὸ θυμούμενον, τὸ θυμοειδές), der zwar nicht mit vernünftiger Einsicht, aber doch mit einem gewissen Instincte für das Gute und Edle begabt, ein Bundesgenosse der Vernunft werden kann, sobald er nicht durch schlechte Einflüsse verdorben wird; er tritt aber auch oft genug mit der Vernunft in Zwiespalt (er kommt daher auch den Thieren zu, sowie der begehrende Theil auch den Pflanzen (Tim. 77 b. rep. 441 b.), so daß er, wiewohl als der bessere Theil, als das edlere Seelenroß, mit der Begierde zum sterblichen Theile der Seele gerechnet wird, der somit in sich zweitheilig der einen Vernunft gegenüber steht.

Der nach dem ganzen platonischen System nothwendigen ethischen Forderung einer Flucht der Seele aus der Sinnlichkeit entspricht nun die Forderung des richtigen Verhältnisses dieser einzelnen Seelentheile: die Vernunft muß natürlich herrschen, die anderen Theile sind von ihr zu leiten, das Thierische im Menschen hat sich dem Göttlichen zu unterwerfen (cf. rep. 588—592 b.). Nur wo dies richtige Verhältniß unter den einzelnen Seelenkräften stattfindet, kann auch wahre Tugend vorhanden sein, denn diese ist nichts Anderes als die rechte Beschaffenheit, die innere Ordnung, Harmonie und Gesundheit der Seele, die sich gemäß

jener Dreitheilung der Seele in den vier platonischen Cardinaltugenden der Weisheit, Tapferkeit, Besonnenheit und Gerechtigkeit darstellt, nur verschiedene Gestaltungen der in ihrem Wesen einen wahren Tugend (cf. rep. 441. 444 d. 554 e.)*). In der Tugend liegt nun auch der Seele einzige Glückseligkeit, nur der Tugendhafte ist reich in sich selbst, heiter und ruhig (rep. 353 a. ff. 577 d.). So tritt uns auch bei dem Tugend=
begriff wieder die großartige reine Auffassung Plato's entgegen, und wenn er auch von dem Lohn redet, der dem Gerechten, und der Strafe, die dem Ungerechten in diesem und jenem Leben zu Theil werden**), nirgends stellt er dies doch unter den Gesichtspunkt der Utilität; viel=
mehr betont er ausdrücklich, daß die Tugend jener unlauteren Motive entbehren könne (cf. Phaedo 68 d. ff. 82 c. rep. 362. Theaet. 176 b.), daß sie ihren Lohn unmittelbar in sich selbst trage, wie die Schlechtigkeit ihre Strafe; ja selbst wenn es geschehen könnte, daß ein Tugendhafter von Gott und Menschen verkannt würde, und ein Schlechter seine Schlechtigkeit vor Beiden verbergen könne, jener wäre doch für glücklich, dieser für unselig zu halten, denn es gibt kein größeres Glück für den Menschen, als dem Guten und Göttlichen ähnlich zu werden, und kein größeres Unglück, als ihm zu widerstreben (Rep. 444 e. ff. 612. Theaet. 176 c. ff. leg. IV 716 c. V 728 b.).

Bei dieser hohen Auffassung der wahren Tugend ist es nicht zu verwundern, wenn sie schwierig zu erlangen und nur einzelnen Bevor=
zugten erreichbar ist. Als ächter Sokratiker gründet Plato den Werth der Tugend auf das Wissen, nur die klare Einsicht in das Wesen des Sittlichen enthält auch den Grund des rechten praktischen Verhaltens, denn wer wird dem entgegenhandeln, was er als gut und nützlich erkannt hat? Auf solchen Standpunkt gelangen wir aber nur durch die Philosophie, daher Plato zwischen der gewöhnlichen und philosophischen Tugend wohl unterscheidet (Meno 88 d. 97—99 c. Phaedo 68 ff. 82. Protag. 348. 352—357. Rep. 362 e. ff. 365 a. ff. 554 c. 612 a. 619. Gorg. 466 d.—468 e. Theaet. 176 c. ff. Symp. 212 a.). Und er hat gewiß Recht, wenn er die erstere nicht als die wahre erkennen will, da sie nur aus Gewohnheit und ohne Einsicht in die Gründe des Handelns geübt wird, da sie nur vermöge göttlicher Anlage, wie Dichter und Wahrsager in der Begeisterung, ohne theoretische Einsicht in das Wesen der Sache handelt***) und von äußeren Motiven, von Vortheilen oder Nachtheilen sich leiten läßt. Freilich war Plato, besonders in

---

*) cf. Schleiermacher: Ueber die wissenschaftliche Behandlung des Tugend=
begriffs: W.W. III. 2, S. 350 ff.
**) Dies schon durch die Seelenwanderung gegeben. Ueber den Zustand nach dem Tode cf. Gorg. 523 ff. Phaedo 107—109. 114. Rep. 610 d. 614 a. ff. 621 b. Theaet. 177 a. leg. XII 959 a.
***) Gegen Feuerlein (Gesch. der philos. Sittenlehre I, S. 82) schließe ich mich in Betreff der θεία μοῖρα (Meno 99 b. ff.) den Ausführungen von Ritter (Gesch. der Phil. II, S. 472) und Zeller (a. a. O. II 1, S. 372) an, wenn ich auch des Letzteren Ausdruck „Zufall" zu stark finde, denn in Betreff des prakt. sittl. Thuns hängt es doch vom Menschen ab, in welcher Richtung er die göttliche Anlage in sich wirklich zur Bethätigung kommen läßt.

seiner späteren Entwicklung, nicht so einseitig, daß er nicht auch der gewöhnlichen Tugend ihr Recht zugestanden hätte, er sieht ein, daß sie der philosophischen Tugend als Grundlage vorausgehen muß, die Anlage im Menschen kann gebildet werden, und es liegt in der Freiheit des Willens, ob er sich auf den höheren Standpunkt erheben will.*) Wenn somit auch der Gegensatz zwischen der gewöhnlichen und philosophischen Tugend zu einem guten Theile wieder schwindet, so ist doch eine gewisse Aristokratie der letzteren im Hinblick auf die Stellung des Philosophen im Staate nicht zu verkennen. Abgesehen aber davon hat Plato jedenfalls diese wahre Tugend nach ihrem Wesen selbst in großartigster Weise aufgefaßt.

Wie nun in dieser wahren Tugend die Seele allein ihre Befriedigung und Glückseligkeit finden kann, so liegt ihr höchstes Unglück in der Schlechtigkeit, die eben durch eine Trübung oder Umkehrung jenes geordneten Verhältnisses zwischen den einzelnen Seelentheilen entsteht. Der Mensch thut das Böse nur mit innerm Widerstreben, es findet ein Kampf zwischen seinem sinnlichen Hang und der göttlichen Vernunft statt, daraus ist also wohl erklärlich, daß der Mensch die Schlechtigkeit bitter empfindet und bereut (cf. leg. 866 c.). Solche Reue tritt schon da ein, wo eine Frevelthat in Aufwallung oder Zorn verübt wird, was aber immer wieder heilbar ist (Phaedo 113 e.); schlimmer aber ist die Sache, wenn an Stelle des λογιστικόν, das wie ein Schutzgeist im Menschen herrscht (Tim. 90 a.), einer der niederen Seelentheile die Herrschaft führt: da ist die Seele eine ψυχή τυραννουμένη, der edelste Theil in ihr ist geknechtet von dem niedrigsten, sie ist unfrei, voll Furcht, voll Klagen und Seufzer und Angst und Wehe, sie thut am wenigsten das, was sie gerne wollte, wird vielmehr mit Gewalt fortgezogen und muß daher auch immer voll Schrecken und bitterer Reue sein (rep. 577. 578). Jeder Funke des höheren Geisteslebens aber muß ausgelöscht sein bei dem, der nicht einmal mehr ein Bewußtsein von Frevelthaten hat und darum auch keine Reue empfindet (Gorg. 471 b.). Wie glücklich muß dagegen Derjenige leben und sein Alter in Freuden und seliger Hoffnung genießen, der sich keiner Frevelthat je bewußt ist (rep. 331 a. 496 c.). Auf solchem Standpunkt erscheint es denn selbstverständlich, wenn Plato Diejenigen, die sich bei Beurtheilung der Menschen vom Aeußeren befangen lassen, den Kindern vergleicht; ein richtiges Urtheil muß vielmehr das innere Seelenleben in's Auge fassen und kann nur darnach richtig entscheiden (rep. 577 a.).

Soweit die Ethik des Plato. Es wird gewiß ein jeder gesund denkende Mensch von Herzen einstimmen in die Bewunderung, die seit den ältesten Zeiten bis auf den heutigen Tag der Reinheit, Tiefe und Erhabenheit dieser Ethik gezollt wird.**) Sie ist jedenfalls die reinste

---

*) cf. Die Stellen im Meno und Symp. 209. Die gewöhnliche Tugend als Grundlage und deren Weiterbildung rep. 401—403. 518 d. 522 a. — Ueber die verschiedenen Anlagen cf. Polit. 306 a. ff. rep. 415. 474 c. 487. — Ueber die Willensfreiheit cf. rep. 617 c. Tim. 42 b. leg. 904 b. ff.

**) cf. Die historische Zusammenstellung von Aussprüchen über Plato bei Ackermann: Das Christliche im Plato S. 1—21.

Blüthe hellenischer Speculation über Werth und Aufgabe des Menschen, und mag sie auch nicht in dem Maße philosophisch durchdacht und systematisch durcharbeitet sein wie die des Aristoteles, ihr durch und durch idealer Zug, ihre tief ernste Auffassung der menschlichen Lebensaufgabe, ihre unbedingte Verwerfung alles Schlechten und Gemeinen hat von jeher die edelsten Geister wohlthuend angezogen und gefesselt. So ist es begreiflich, daß man von jeher auf Plato gerne anwandte, was Jesus zu jenem Pharisäer sagt: „Du bist nicht ferne vom Reiche Gottes", daß man von einem „Christlichen im Plato" stets geredet hat.*) In der That hat Plato Stellen, die nicht nur einen entschieden christlichen Geist athmen, sondern im Einzelnen fast bis auf den Wortlaut mit biblischen Aussprüchen zusammenstimmen (cf. bei Ackermann „Das Christliche im Plato" S. 21—76). Wir sehen eben, die eine absolute Wahrheit, die sich im sittlichen Leben kundgibt, tritt im Lauf der Geschichte da und dort in einem menschlichen Bewußtsein schwächer oder stärker hervor, das sich dadurch eines Hauptes höher über seine Zeitgenossen erhebt; auch in Plato hatte jene Wahrheit ein epochemachendes Werkzeug, das die umfassendste und wirksamste Umgestaltung der Menschheit, wie sie durch das Christenthum erfolgte, gewiß ebenso stark verbreiten half, wie die alttestamentliche Prophetie. Ja für die eigentlich wissenschaftliche Gestaltung der christlichen Lehre liegen die tiefsten und letzten Gründe in der platonischen Philosophie**): die biblische Grundlage der dogmatischen Christologie, die Logoslehre des Johannes, geht durch Philo auf die platonische Ideenlehre zurück; die Dichotomie der platonischen Anthropologie zeigt sich bei Paulus im Gegensatz von σάρξ und πνεῦμα, und darnach ist auch des Letzteren Ethik wie diejenige des Christenthums überhaupt mit ihrem formalen Grundprincip einer Herrschaft des πνεῦμα über die σάρξ ähnlich der platonischen mit ihrer Forderung einer Herrschaft des λογιστικόν, mögen beide materiell freilich noch so sehr verschieden sein.

Die Uebereinstimmung des formalen Princips rührt aber doch nur daher, weil es anthropologisch ganz von selbst gegeben ist. Eine tiefere Würdigung der menschlichen Persönlichkeit, die dem Alterthum fremd war, hat im Christenthum zur Erkenntniß ihrer hohen ethischen Anlagen im Gewissen geführt, aber daß dem Plato die Kenntniß dieser inneren Anlage im Gewissen als einer vorhandenen Thatsache nicht fremd war, zeigt schon allein die Aufstellung jenes formalen ethischen Princips. Woher hat er denn diese letztere gewonnen? woher hat er denn gelernt, daß des Menschen höchste Bestimmung sei, der Gottheit als

---

*) cf. Außer dem Werk von Ackermann noch besonders Baur: Sokrates und Christus, in der Tübinger Zeitschrift für Theologie 1837. — Brandis: Geschichte der griech.-röm. Philosophie II, 1, S. 330. — Dr. D. Becker: Das System Plato's in seiner Beziehung zum christlichen Dogma (vom exclusiv katholischen Standpunkte aus und daher sehr befangen im Urtheil). — Neander: Geschichte der christlichen Ethik S. 61—85.
*) Daher Zeller (a. a. O. S. 607, Anmerk. 1) treffend bemerkt, daß eine streng historische Betrachtung nicht nach dem Christlichen im Platonismus, sondern vielmehr nach dem Platonischen im Christenthum zu fragen habe.

dem absolut Guten möglichst ähnlich zu werden, daß seine größte Glück=
seligkeit in der inneren Harmonie, in dem Frieden der Seele liege
und sein größtes Unglück in der Schlechtigkeit? Doch nirgends anders
woher als aus der inneren sittlichen Anlage selbst, die er in sich trug,
aus der sittlichen Erfahrung, die er vermöge dieser inneren Anlage an
sich selbst gemacht hatte. Die Ethik des Plato zeigt deutlich genug,
daß dieser Mann die innere sittliche Norm wohl empfunden und ihre
Wirksamkeit wohl erfahren hatte. Plato kennt, wie wir sahen, das
göttliche Erbtheil im Menschen, das ihm normgebend sein muß, wenn
der „Staat in der Seele" (rep. 591e.) richtig geordnet sein soll; er
kennt den inneren Kampf zwischen dem besseren Bewußtsein des
Menschen, das ihn zum Guten hinleitet, und den sinnlichen Begierden,
die ihn zum Bösen verführen, und er bezeichnet den Sieg über sich
selbst als der Siege größten und besten (leg. I 626), denn die bestimmteste
Entscheidung im Kampf jener beiden Principien ist bringend erforderlich
(cf. rep. 555c.: πλοῦτον τιμᾶν καὶ σωφροσύνην ἅμα ἱκανῶς
κτᾶσθαι ἐν τοῖς πολίταις ἀδύνατον, ἀλλ' ἀνάγκη ἢ τοῦ ἑτέρου
ἀμελεῖν ἢ τοῦ ἑτέρου). Dies Alles ist nichts Anderes als eine
Schilderung der Thatsache des Gewissens.

Aber noch mehr: Plato kennt auch das gute und das böse Gewissen.
Denn ist's nicht ganz dieselbe Sache, die wir als „gutes Gewissen" zu
bezeichnen pflegen, wenn Plato uns die Befriedigung schildert, die für
die Seele im Thun des Guten selbst liegt, wenn er uns die Glück=
seligkeit vor Augen malt, die wir genießen in der Ausübung der
Tugend und die selbst durch Verkennung und äußeren Nachtheil nicht
erschüttert werden kann. Noch directer als diese Folgen einer Ein=
haltung der sittlichen Norm deuten dann die Schilderungen der inneren
Unruhe und Zerrissenheit der Seele auf den Begriff des bösen Gewissens
hin, und zwar directer deßwegen, weil dort ein Einhalten der sittlichen
Norm nicht in dem Maaße zum Bewußtsein kommt, als hier die
Störung derselben, gerade so wie das Dämonium des Sokrates nur
negativ wirkend auftritt, als bestätigend aber nur aus seinem Schweigen
zu erschließen ist. Die Möglichkeit zur Sünde ist in der platonischen
Anthropologie gegeben; das Böse ist seinem Wesen nach eine Ver=
läugnung des Edleren zu Gunsten des Schlechteren, eine Unterordnung
des Thierischen unter das Göttliche im Menschen, eine Krankheit der
Seele, und es wird genährt durch schlechte Erziehung, Reichthum und
Ueppigkeit, durch Selbstliebe, Hochmuth, Gottlosigkeit, Verführung und
schlechte Gesellschaft (cf. Tim. 86e. leg. VI 766a. V 731e. X 908e.).
Die Folgen der Sünde aber sind nicht nur äußere, sie liegen, wie wir
sehen, vor Allem in der Seele: alle die Stellen, die wir oben angeführt
haben über die Unseligkeit der Schlechten, vor Allem der großartige
Abschnitt über die ψυχὴ τυραννουμένη zeigen deutlich genug, daß
Plato das Gewissen in seiner selbstanklagenden und richtenden Thätigkeit
wohl gekannt und gewürdigt hat.

Trotzdem, daß somit das Vorhandensein des Gewissens im Menschen
und die Kenntniß seiner Wirksamkeit eine empirische Grundlage der

platonischen Ethik bilbet, so finden wir einen Begriff des Gewissens bei Plato nicht vor; wohl aber sucht er doch jenes, was du im Menschen vorhanden ist und wirkt, speculativ systematisch zu begründen, indem er seinem Ursprunge nachgeht. Die göttliche Anlage des Menschen zum Guten erklärt er aus dem präexistenten Theilhaben der Seele an der Welt der Ideen und die Zwiespältigkeit im Menschen kommt von der Verbindung der Seele mit dem Körper, wodurch der Mensch eben zweien Welten angehört. Auf diese Weise sucht sich Plato das Vorhandensein der inneren sittlichen Norm, ihre Forderung und die Schwierigkeit, derselben nachzukommen, zu erklären. Diese mit dem Ganzen der platonischen Philosophie zusammenhängende Begründung einer empirisch im Menschengeist vorhandenen Thatsache ist es nun aber auch, was den Plato vor Allem hinderte, der Thatsache des Gewissens auch einen entsprechenden Begriff zu verleihen. Zuvörderst ist festzuhalten, daß der platonischen Speculation das sittliche Streben des Menschen ja nur auf einer Naturanlage desselben, nicht auf einem über seiner Willkür stehenden, objectiven, klar erkannten Sittengesetz beruhend erscheint: der Mensch handelt sittlich, weil die natürliche Beschaffenheit der Seele aus der Sinnenwelt hinausstrebt, aber nicht weil er weiß, daß er so handeln soll, es fehlt bei Plato der Begriff der Pflicht.*) Dadurch ferner, daß der Intellectualismus der Ausgangspunkt war, den Plato für seine Ethik von Sokrates überkommen hatte, kam für ihn die Nothwendigkeit, auch die ethische Wahrheit in der Welt der reinen Intelligenz, der Begriffe und Ideen zu suchen. So ideal nun auch der innere Gehalt und der Sache nach die Auffassung dieser Wahrheit sein mochte, sie bewegt sich doch keineswegs in logisch fest definirten Grenzen, sondern muß unausbleiblich in eine gewisse Allgemeinheit verschwimmen: die Ziele des ethischen Strebens sind dem Menschen wohl in der Idee des Guten, in der Gottheit, der er ähnlich werden soll, gegeben, aber es zeigt allein schon der altherkömmliche Streit über die Combinirung der Idee des Guten mit der Gottheit, ferner über Plato's Pantheismus oder persönliche Gottheit**), daß diese Bestimmungen begreiflich nicht in dem Maaße fixirt sind, um daraus auch den Begriff einer absoluten sittlichen Norm zu gewinnen. Vielmehr, bei Plato ist ja das Ziel des ethischen Strebens, die Idee des Guten oder die Gottheit, selbst wieder die Norm für das Handeln,

---

*) cf. Schleiermacher: Ueber den Unterschied von Naturgesetz und Sittengesetz W.W. III, 2, S. 400.

**) Die Lösung dieses Punktes, den in seinem Für und Wider näher zu erörtern hier nicht der Ort ist, ist von vornherein dadurch erschwert, daß wir bei der platonischen Gottheit nach einem Begriff fragen, den Plato überhaupt gar nicht kennt, nämlich dem der Persönlichkeit. Aber auch wenn man statt des Ausdruckes „persönlicher Gott", der ja eigentlich schon anthropomorphistisch ist, den eines selbstbewußten, freihandelnden Wesens gebraucht, scheint mir bei den widersprechenden Aussagen Plato's und den inneren Schwierigkeiten, wie ein solcher Gottesbegriff mit der Ideenlehre zu vereinigen, die Lösung der Streitfrage aussichtslos. Jedenfalls ist festzuhalten, daß bei einem Pantheismus des Plato die ethische Aufgabe einer ὁμοίωσις τῷ θεῷ erst recht widerspruchsvoll wird. cf. Zeller a. a. O. II, 1, S. 454 ff., 606 ff. Krische: Forschungen auf dem Gebiet der alten Philosophie S. 185 ff.

somit ist nicht zu verwundern, wenn auch diese selbst nicht streng begrifflich gefaßt wird. Daher kommt es, daß in der platonischen Ethik der Pflichtbegriff und die Pflichtenlehre gänzlich fehlen, und doch nur gegenüber einem positiven klaren Pflichtgebot kann die Freiheit des Menschen in seinem sittlichen Handeln überhaupt zu ihrem Rechte kommen. Die einzige Pflicht, die man höchstens als solche bei Plato aufstellen könnte, ist die antike Pflicht eines Aufgehens des Einzelnen im Staate; aber gerade dieser Grundsatz, so großartige Wahrheiten er auch enthält, widerspricht als Pflicht deren eigenem Begriff und Wesen: denn wenn die Tugend, obwohl in ihrem Grundwesen eine, sich doch manchfach verzweigt, wenn das Gute als das durch die Kraft der Tugend zu Erreichende ihrer Manchfaltigkeit entspricht, so kann es auch einen Pflichtbegriff nur geben, sofern in dem sittlichen Handeln die Beziehung auf die Gesammtheit der sittlichen Aufgaben und auf das Begründetsein in der Gesammtheit der Tugenden sich als eine verschiedene zeigt.*) Außerdem muß auch die eine Beziehung auf den Staat, die bei Plato alle andern verschlingt, gerade auch mit Hinsicht auf die Auffassung des handelnden Subjects den Gewissensbegriff erschweren, der in Hinsicht auf das Object des sittlichen Strebens in allgemeine Betrachtungen über die göttliche Anlage und den idealen Zug der menschlichen Seele sich auflösen mußte.

Es gehört nämlich zu dem Gewissensbegriff nothwendig die Voraussetzung, daß das ethische Subject rein als solches gefaßt wird, dem jene sittliche Norm bedingungs= wie unterschiedslos zukommt und das in der Freiheit seines Handelns der Erfüllung oder Verletzung desselben sofort deutlich sich bewußt wird, d. h. es gehört dazu die Auffassung des Menschen an und für sich als einer sittlichen Persönlichkeit, die nicht nur nach einer glücklichen Naturanlage das Rechte thut, sondern weil sie darin eine klare Forderung des Pflichtgebotes erkennt. Aber mit diesem letzteren mußte dem Plato auch der Begriff der Persönlichkeit entschwinden und damit derjenige der Menschenwürde, die gleiche Rechte und Pflichten für Alle bedingt. Die intellectualistische Grundlage der platonischen Ethik brachte zwar nicht die Selbstvergötterung des Stoicismus hervor, aber doch eine Aristokratie des Wissens und der Philosophie, den selbst einen Plato in den Schranken festhielt, welche die antike Welt zwischen den Menschen aufgerichtet hatte. Und wie nahe war er doch daran, sich zu der Wahrheit der dem Menschen als solchem zukommenden Würde, und damit auch seiner unterschiedslosen sittlichen Norm zu erheben: er hat ja die Gewißheit von der göttlichen Anlage einer jeden Menschenseele und von dem Zug nach Oben, wie nahe hätte es gelegen, darauf eine Gleichheit der Menschen nach Rechten und Pflichten zu begründen; aber Plato bleibt in den Anschauungen seiner Zeit von den nothwendigen Gegensätzen unter den Menschen befangen: die einen sind von vornherein von der wahren Einsicht in das Wesen

---

*) cf. Schleiermacher: Versuch über die wissenschaftliche Behandlung des Pflichtbegriffs W.W. III, 2, S. 380. Rothe: Theologische Ethik III, § 845 ff.

und das Ziel des sittlichen Handelns ausgeschlossen, nur die Philosophen sind dieses Wissens theilhaftig, wie soll da der Begriff einer für Alle unterschiedslos giltigen sittlichen Norm gewonnen werden? Es fordert eine solche ferner eine absolute Zurechnungsfähigkeit des Menschen, die auf der Freiheit seines persönlichen Handelns beruht, aber wenn nur die Einsichtsvollen in Wahrheit ethisch zu handeln vermögen, so sind auch sie allein sittlich zurechnungsfähig, die Andern handeln ohne klares Bewußtsein von Recht und Unrecht, das Böse ist nur ein Mangel an Einsicht, von dem Einsichtslosen ist keine persönliche Verantwortlichkeit zu erlangen und ihm daher auch keine wahre Freiheit des Handelns zuzuschreiben.

So hat Plato durch die intellectualistische Grundlage seiner Ethik und die Abhängigkeit von Zeitanschauungen auch in Hinsicht auf das ethische Subject sich die Gewinnung des Gewissenbegriffs unmöglich gemacht, dessen Elemente in seiner Psychologie wohl vorhanden waren. Freilich lag endlich in dieser letzteren selbst eine Schwierigkeit für den Gewissensbegriff, nämlich der objectiv gegebene Dualismus von Seele und Materie. Damit gewinnt die ganze platonische Ethik den Charakter eines Strebens ohne Ziel, eines Suchens ohne wahrhaftes Finden: es bleibt stets ein nie zu überwindendes Princip des Ungöttlichen, daher ein Sehnen nach der Ideenwelt und eine Flucht aus der Sinnenwelt und eine Lösung des Zwiespaltes erst nach dem Tode; daher bei der durch das Böse hervorgerufenen Reue und Unruhe der Seele keine Tröstung oder Beruhigung, daher in der Völkergeschichte auch kein einheitliches Ziel, sondern nur ein Wechsel von Werden und Vergehen, ein Kreislauf ohne Ende. Jener Dualismus in seiner niederdrückenden Aussichtslosigkeit mußte jedenfalls das sittliche Bewußtsein selbst schwächen (daher eben auch das Gewissen nach seiner materiellen Seite bei Plato nicht übereinstimmen kann mit dem unsern) und damit natürlich auch eine begriffliche Deduction desselben zurückdrängen.

IV. Aristoteles.

Nach den blüthenreichen, von milden Lüften durchwehten Gefilden der platonischen Philosophie möchte die aristotelische uns fast anmuthen wie eine dürre kahle Hochebene mit scharfen Winden. Aber mögen letztere zuerst auch unsern Athem etwas anstrengen, bald merken wir doch, wie sie reinigend und stärkend auf unsere Sinne einwirken, wir fühlen uns bald gekräftigt unter der geistigen Zucht eines scharfen logischen Denkens, zu welchem uns der in der empirischen Welt fußende Aristoteles zwingt, nachdem dasselbe unter der Führerschaft des in einer Idealwelt lebenden Plato mehr oder weniger vor der Phantasie hatte zurücktreten müssen. Wir werden aber auch bald erkennen, wie hinter den scharfen logischen Formen des Aristoteles ein nicht minder reicher Inhalt sich verbirgt als hinter den phantasiereichen des Plato, und wenn wir die aristotelische Philosophie nach dem Gesichtspunkt unserer gegenwärtigen Aufgabe prüfen, so werden wir bald sehen, wie der empirische Standpunkt des Aristoteles eine wichtige Grundlage für den

Gewissensbegriff, nämlich die persönliche Verantwortlichkeit des freien sittlichen Handelns, gefunden hat, wenn auch freilich dann die Einseitigkeit des Intellectualismus in der platonischen Ethik, gegen den Aristoteles polemisirt, bei ihm auf einem anderen Wege wieder zum Vorschein kommt und der gesammte antike Standpunkt auch hier wieder seine eigenthümlichen Hemmnisse geltend macht.

Dem Plato war ein objectiv ethischer Inhalt des Seelenlebens dadurch gesetzt, daß er die Seele Theil haben ließ an der Gottheit als der Idee des Guten, letzteres nicht nur im metaphysischen, sondern eigentlich ethischen Sinne gefaßt. Waren damit diese beiden Seiten bei Plato freilich nicht logisch genau auseinander gehalten, so zeigte es doch von einer reichen Würdigung der natürlichen ethischen Anlagen im Menschen. Aristoteles scheidet nun streng zwischen dem metaphysischen und ethischen Begriff des Guten, dadurch entkleidet er sowohl seine Gottheit wie auch die Seele, die auch bei ihm am Göttlichen Theil hat, bei den logischen Bestimmungen ihres ethischen Gehaltes, freilich ohne vermeiden zu können, daß dann dieser Gehalt auf Grund einer Betrachtung des empirischen ethischen Lebens wieder zum Vorscheine kommt.

Aristoteles ist mit Plato darin einverstanden, daß das Wesen der Dinge im Begriff derselben liege, aber dagegen tritt er nun entschieden auf, daß man diese Begriffe mit Plato zu den realen, außerhalb der Einzeldinge liegenden Existenzen der Ideen erhebe, weil aus ihnen das Sein und Werden der Sinnenwelt und der Einzeldinge sich nicht erklären lasse.*) Die metaphysische Grundfrage, welche bisher die ganze griechische Philosophie beschäftigt hatte und die bei Plato in einem klaffenden Dualismus stehen blieb, sucht Aristoteles dadurch zu lösen, daß er die Begriffe von Stoff und Form als ein Verhältniß des Möglichen und Wirklichen auffaßt: der Stoff ist dem Aristoteles nicht ein schlechthin Nichtseiendes, wie bei Plato — denn wie soll aus diesem je ein Seiendes werden? — sondern es ist dasjenige, worin die Möglichkeit zu allem Seienden liegt, und die Form oder der Begriff der Dinge ist die vollendete Verwirklichung des Stoffs. Indem Aristoteles somit Stoff und Form als ein Verhältniß der Potenzialität und Actualität auffaßt, werden beide in die innigste Beziehung zu einander gebracht: der Begriff ist der Erscheinung, das Allgemeine dem Einzelding immanent, denn es liegt im Begriff des Möglichen, daß es ein Wirkliches werde, und im Begriff des Wirklichen, daß es die Möglichkeit voraussetzt.

Von diesen beiden Grundbegriffen der Potenzialität und Actualität, die den Angelpunkt seines ganzen Systems bilden, gelangt nun Aristoteles zu seinen Bestimmungen der Gottheit und zu denjenigen der Seele.

Der Uebergang von der Möglichkeit zur Wirklichkeit ergibt den Begriff der Bewegung. Diese letztere setzt Zweierlei voraus, ein

---

*) Die Polemik gegen die platonische Ideenlehre zieht sich durch die ganze Metaphysik, besonders aber lib. XIII. XIV.

Bewegendes und ein Bewegtes, ein actuelles und ein potenzielles Sein. Von diesen beiden muß aber das erstere — nicht nur dem Begriff, sondern auch der Zeit nach — das prius sein, denn das blos Potenzielle kann keine Bewegung erzeugen. Die Bewegung überhaupt läßt sich also nur erklären durch die Voraussetzung eines ersten Bewegenden, das nicht wieder durch ein anderes bewegt wird, eines πρῶτον κινοῦν ἀκίνητον ὄν. Dies ist aber nichts Anderes als die Gottheit (cf. Meteph. XII 6—10. Phys. VIII). Als positive Aussagen über dieselbe ergeben sich dann mit logischer Consequenz, daß sie reine absolute Actualität ist, alles Potenzielle muß von ihr ausgeschlossen sein. Somit ist die Möglichkeit des Andersseins bei dem ersten Beweger ausgeschlossen, er ist unveränderlich, damit aber auch unkörperlich (denn was einen Stoff hat, ist potenziell und könnte sich also auch anders verhalten), er ist die reine Form. Diese reine absolute Form, die schlechthin unkörperliche Substanz findet sich aber nur im reinen Denken: Gott ist also die absolute Denkthätigkeit; der Inhalt dieses Denkens kann aber nur er selbst sein, weil andernfalls das göttliche Denken durch etwas außer ihm Liegendes seine Wirklichkeit erhielte, das Denken und sein Gegenstand fällt bei Gott schlechthin in eins zusammen, Gott ist das Denken des Denkens (ἡ νόησις νοήσεως νόησις — ἡ νόησις ἡ καθ' αὑτήν), er verharrt, sich selbst genießend, in sich selbst selig in ewiger Ruhe, im Besitz der absoluten Wahrheit, bedarf keines Handelns und keiner Tugend.

Es gehört nicht zu unserer Aufgabe, auf die inneren Schwierigkeiten dieses ersten wissenschaftlichen Versuchs zur Begründung des Theismus hier näher einzugehen*), aber wir haben hier darauf zu achten, daß in diesem Gottesbegriff keinerlei ethisches Moment liegt. Zwar bezeichnet Aristoteles die Gottheit auch als das Gute schlechthin, als das Urgute, aber das ist hier nur ein ganz und gar formaler logischer Begriff, er ist nur die logische Bestimmung des Guten als das Begehrenswerthe, der Inhalt desselben ist das Denken des Denkens, was selbst wieder das „Beste" ist. Aber vermöge dieses Begriffes kann irgend eine ethische Beziehung der Gottheit gar nicht zukommen, weil sie ja

---

*) Bei Aristoteles könnten wohl unsere modernen materialistischen Philosophen in die Schule gehen, da er nicht wie sie in den Widerspruch verfällt, eine nach Oben strebende Entelechie der ewigen Potenzialität anzunehmen ohne eine zwecksetzende Vernunft (cf. Pfleiderer: Die Religion, ihr Wesen und ihre Geschichte I, S. 245); sie lassen die ganze Entwicklung auf Zufall beruhen, während doch die ewigen Gesetze, nach denen sie vor sich geht, nur ein ganz bestimmtes Resultat hervorbringen können; und wenn man die Teleologie läugnet, so stellt man ebenso wie in der herkömmlichen Theoricee die Frage ganz schief, wenn von jedem Einzelding, das da ist, ein Zweck dargelegt werden soll, während es sich doch vielmehr darum handelt, ob die Entwicklung selbst anders als durch eine selbstbewußte zwecksetzende Vernunft erklärt werden kann, sei es auch nur, daß sie die ersten Keime der Entwicklung in den Stoff legt oder den ersten Anstoß zu jener gibt. Mit dieser letzteren Annahme hat aber Aristoteles freilich seinen Gottesbegriff nicht von jedem Widerspruch frei gemacht: wie soll Gott überhaupt Beweger sein, wenn er doch die absolute Ruhe ist? wie soll das absolut Unkörperliche auf den Stoff wirken, da ja zwischen Beiden eine Berührung gefordert wird? und sucht nicht Gott wirklich einen Zweck außer sich selbst, wenn er auf den Stoff einwirkt?

die schlechthinige Vollendung ist.*) Somit hat Aristoteles wohl in der staunenswerthesten Weise seinen Gottesbegriff von allen endlichen Bestimmungen abzuziehen gesucht, aber er bleibt für uns auch ein bloses Abstractum: ein Wesen, dessen Leben blos im Anschauen und Genusse selbst besteht, das nichts Anderes denkt als sich selbst, dem kein Wollen, keine zwecksetzende und ausführende Thätigkeit beigelegt werden darf, ist für unsere teleologische Weltbetrachtung und unser ethisches Streben völlig gleichgültig, es besteht zwischen ihm und den Menschen nur eine ungeheure Kluft, und es ist ganz bezeichnend, was Aristoteles sagt, daß zwischen ihnen wegen allzu großen Abstandes keine φιλία stattfinden könne (cf. Nikom. Eth. VIII 9. End. Eth. VII. Mag. Mor. II 11).

Es ergibt sich von selbst, daß mit einer solchen rein transcendentalen Auffassung Gottes, wo er dem Menschen in unnahbare Fernen gerückt ist, die Erkenntniß des Gewissens und die Bildung eines Begriffes desselben erschwert ist: das Gewissen setzt ja gerade die innigste Verbindung zwischen Gott und Menschen voraus, je inniger das Verhältniß zwischen Beiden gefaßt wird, um so schärfer werden natürlich auch die sittlichen Normen des Menschen gefaßt, um so schärfer andererseits auch die Abweichungen von denselben oder das Böse. Beides kann aber keine rechte Würdigung erfahren, wo zwischen Gott und dem Menschen jede Beziehung aufgehoben ist. Es wird sich uns nun auf Grund der aristotelischen Theologie auch ergeben, was mit dem ϑεῖον, das, wie in der gesammten Natur**), so auch in der Menschenseele wohnt, gemeint ist, inwiefern es mit der Thatsache des Gewissens in Beziehung steht.

Aristoteles kommt auf Grund seiner philosophischen Grundbegriffe der Potenzialität und Actualität zu folgender Definition der Seele: ψυχή ἐστιν ἐντελεχεία ἡ πρώτη σώματος φυσικοῦ δυνάμει ζωὴν ἔχοντος (de an. II 1). Hier ist der Begriff der ψυχή wesentlich zusammenfallend mit demjenigen des organischen Lebens: Alles Leben besteht nämlich in der Fähigkeit der Selbstbewegung, sei es auch nur wie bei den Pflanzen ein durch die Ernährung bedingtes Wachsthum und Absterben. Da alle Bewegung aber ein Bewegtes und ein Bewegendes voraussetzt, so muß das Lebendige als das sich selbst Bewegende dies Beides in sich enthalten, und es ist also der materielle Leib das Bewegte, und die Form, von welcher die Bewegung ausgeht, die also jenen Leib (in dem an sich nur die Potenz zum Leben liegt) wirklich zu einem lebendigen macht, diese Form ist die Seele. Man hat also bei diesem Begriff zunächst nicht an das dem Menschen eigenthümliche Seelenleben zu denken, die ψυχή kommt jedem organischen Wesen zu, wohl aber bildet, da die Zweckthätigkeit der Natur in einem stufenweisen

---

*) Aristoteles kommt darauf in seiner Ausführung, wie Gott die Welt bewege: die Form, die bewegt, fällt zusammen mit dem Zweck, denn von ihm, der angestrebt wird, gehen bestimmende Impulse des Handelns aus; was aber angestrebt und begehrt wird, ist das Gute, und da bei Gott Beides, das Bewegende und das Bewegte, das Denken und das Gedachte, schlechthin in eins zusammenfällt, da er seinen Zweck in sich selbst hat, so ist er eben damit das absolut Begehrenswerthe und das absolut Gute. cf. Metaph. XII, 7.

**) cf. Nik. Eth. 7, 14: πάντα γὰρ φύσει ἔχει τι ϑεῖον.

Fortschritt sich verwirklicht, auch das Seelenleben eine aufsteigende Entwicklungsreihe, die ihren Höhepunkt findet im Menschen (cf. de an. II 2. 3. III 4 ff.). Die Pflanzen haben nur die ernährende Seele (ἡ θρεπτικὴ ψυχή, τὸ θρεπτικόν), bei den Thieren kommt dazu die empfindende (ψ. αἰσθητική, womit schon bis zu einem gewissen Grade das Begehren, die ψ. ὀρεκτική verbunden ist), endlich der Mensch, der alle niederen Stufen in sich enthält, erhebt sich über diese durch sein Denken (λογισμός, διανοία), dessen er fähig ist vermöge des ihm allein zukommenden νοῦς. Diesen νοῦς bezeichnet Aristoteles als dasjenige, ᾧ διανοεῖται καὶ ὑπολαμβάνει ἡ ψυχή (dc an. III 4); der νοῦς ist also, ohne wie die übrigen Theile der Seele an körperliche Organe gebunden zu sein, ein rein theoretisches Vermögen, durch welches der Mensch die Welt des unsinnlichen Intelligibeln und die höchsten Principien, die nicht Gegenstand des vermittelten Wissens sein können, unmittelbar zu erfassen im Stande ist. Wie nun bei der Wahrnehmung deren δύναμις, die im Menschen vorhanden ist, zur ἐνέργεια wird erst durch das vorhandene Wahrnehmbare, und da ja in der gesammten Natur der Unterschied dieser beiden Principien besteht, so muß er auch in der dem Menschen eigenthümlichen Seelenkraft, dem νοῦς, liegen. Für den νοῦς kann aber die wirkende Ursache nicht eine materielle sein, da er es mit diesem überhaupt nicht zu thun hat, sondern nur eine wirkliche Vernunft vermag das Vermögen des Denkens zur Energie zu erheben. Daher unterscheidet Aristoteles zwischen der actuellen und potenziellen, der thätigen und leidenden Vernunft (νοῦς ποιητικός und νοῦς παθητικός de an. III 5). Und da haben wir denn auch das eigentlich Göttliche im Menschen: die leidende Vernunft ist vergänglich, denn sie ist an den Körper gebunden und seiner Zustände theilhaftig, dagegen die thätige Vernunft ist ewig, sie ist nicht mit dem Körper entstanden, sondern von Außen (θύραθεν) in ihn gekommen*), sie ist überhaupt getrennt von allem Materiellen und leidenlos und unvermischt mit dem Körper und ihrem Wesen nach reiner Energie (de an. III 5), sie ist also das eigentlich Göttliche im Menschen**), denn das Wesen des Göttlichen besteht ja eben, wie wir sahen, in der reinen Energie mit Ausschluß alles blos Potenziellen. Somit hat das Wesen der den Menschen auszeichnenden göttlichen Vernunft nichts mit ethischen Bestimmungen zu thun. Aristoteles hat die platonische Eintheilung der Seele im Grunde auch aufgenommen, aber sie über die Stufenreihe der gesammten organischen Welt ausgedehnt, und daraus geht hervor, daß er von einem ganz anderen Gesichtspunkte dabei geleitet war als Plato: Letzterer geht bei seiner Seeleneintheilung wesentlich von ethischen Gesichtspunkten aus und stellt sie als Grundlage für seine ethischen Bestimmungen auf, Aristoteles dagegen gewinnt seine Eintheilung wesentlich durch naturphilosophische Betrachtung, ihm ist es darum

---

*) cf. de gener. animal. II 3: λείπεται δὲ τὸν νοῦν μόνον θύραθεν ἐπεισιέναι καὶ θεῖον εἶναι μόνον. de an. I 4.
**) cf. Nik. Eth. X 7, wo der νοῦς ein θεῖον, das τῶν ἐν ἡμῖν θειότατον genannt wird.

zu thun, die eigenthümliche Stellung des Menschen in der Stufenreihe des natürlichen Lebens zu kennzeichnen. Diese Stellung des Menschen besteht in seiner durch die thätige Vernunft vermittelten Gottverwandtheit; aber dieses Verhältniß des Menschen zu Gott ist ein wesentlich intellectuelles, theoretisches, es umfaßt nur den denkenden Menschen, nicht auch den handelnden, und gerade mit dem Handeln hat es ja die Thatsache und der Begriff des Gewissens zu thun. Freilich, so sehr also Aristoteles von rein theoretischen Bestimmungen sich leiten läßt, worüber der Inhalt des Seelenlebens zu kurz kommt, so wenig also von einem Begriff der im Nus liegenden ethischen Norm die Rede sein kann: daß Aristoteles überhaupt dem Menschen diese eigenthümlich hohe Stellung gibt, daß er überhaupt seine Vernunft als etwas Göttliches bezeichnet, zeigt eben doch wieder, wie auch Aristoteles die Thatsache eines im Menschen vorhandenen höheren Lebensprincips gekannt und aus der Erfahrung aufgenommen hat. Wie hoch er die auf solcher Anlage beruhende Aufgabe des Menschen faßt, zeigen die später noch zu erwähnenden erhabenen Stellen aus Nik. Eth. 10, 7. Aber seine Speculation über jenes Princip führt dann den scharfen Denker zu rein logischen Bestimmungen, er läßt nur durch das Denken in seiner intensivsten Gestalt, in der Gestalt des philosophischen Begriffs, den Menschen mit Gott verbunden sein, das gesammte übrige Seelenleben bleibt von dem Connex mit dem Göttlichen ausgeschlossen, während diese Speculation den noch eng mit Sokrates verwachsenen Plato zu ethischen Bestimmungen hinleitet. Der einseitige Intellectualismus aber, der für den letzteren in seiner Ethik selbst hemmend war und den Aristoteles so entschieden bekämpft*), kommt, wie aus dem Gesagten erhellt, bei diesem auf einem andern Wege und in anderer Weise auch wieder zum Vorschein, so zwar, daß derselbe eine psychologische Begründung der Ethik in seiner Philosophie überhaupt verkürzt.

Wir haben uns nun in dem aristotelischen System soweit orientirt, als nöthig ist, um zu erkennen, wodurch Aristoteles an den Gewissensbegriff heranstreift und zeigt, daß er die Thatsache des Gewissens gekannt hat, wodurch ihm aber auch andererseits eine Aufstellung jenes Begriffes erschwert wurde. Solche Hemmnisse liegen theils ähnlich wie bei Plato in der antiken Auffassung des Einzelnen gegenüber dem Staat, theils aber auch, wie schon angedeutet, in dem durch ihr Verhältniß zur Psychologie gegebenen eigenthümlichen Wesen der aristotelischen Ethik selbst. Bleiben wir zunächst dabei stehen.

Als ächter Grieche betrachtet Aristoteles die Ethik nur als Vorstufe der Politik, denn nicht die bloße Kenntniß des Guten genügt, um tugendhaft zu sein, sondern es muß die Gewöhnung und Uebung hinzukommen, und das geschieht am besten durch die Gesetze der Staats-

---
*) cf. Nik. Eth. II 3, wo Aristoteles treffend eine Consequenz rügt, die in dem platonischen Standpunkt lag, daß nämlich die Menschen sich einbilden durch bloßes Wissen der Tugend schon tugendhaft zu sein, ohne sie factisch auszuüben; solche Menschen, sagt er, gleichen dem Kranken, der dem Arzt zwar aufmerksam zuhört, aber keine von seinen Vorschriften beobachtet.

weisheit, welche das gemeinsame Leben regeln (Nik. Eth. 10,9). Damit hat nun freilich Aristoteles das Verhältniß des Einzelnen zum Staat gewiß viel richtiger aufgefaßt als Plato, er bestreitet ausdrücklich dessen abstrakte Auffassung dieses Verhältnisses, in welchem das Individuum mit seiner natürlichen Berechtigung des Besitzes und der Familie verschwindet in der Gemeinschaft, er betrachtet als die Aufgabe des Staates die Pflege aller praktischen Wissenschaften, der Strategik, Oekonomik, Rhetorik und Ethik, der Staat soll also auch den Bürger durch Gesetz und Verfassung zur Tugend heranbilden: aber gerade deßwegen ist doch auch andererseits die ethische Tüchtigkeit des Einzelnen durch das Gemeinwesen nothwendig bedingt, der Einzelne muß erst vom Gesetzgeber erfahren, worin das Tugendhafte oder Schlechte besteht, was er thun und lassen soll, denn deßwegen geht in der Wissenschaft die Ethik der Politik voraus, weil der Gesetzgeber wissen muß, worin das Gute besteht. So verhalten sich die Einzelnen dem Staatsganzen gegenüber nur wie ein Accidenz, es ist damit nicht möglich, die sittliche Entscheidung in den Menschen zu legen, wie der Gewissensbegriff es erfordert, das Individuum als sittliche Persönlichkeit verschwindet auch hier wieder, so sehr auch dem Aristoteles durch seine häufige Betonung der freien Willensentscheidung des Einzelnen, worauf dessen sittliche Zurechnungsfähigkeit basirt, der Begriff der Persönlichkeit nahe gelegen hätte. Aber er hatte sich ja denselben schon in seiner Psychologie selbst erschwert: das Persönliche des Individuums könnte doch nur in der Menschen höchster Fähigkeit, dem *νοῦς ποιητικός* liegen, aber dieser, mit dem Göttlichen verwandt, kann an leidenschaftlichen Zuständen, wie auch an einer Entwicklung, nicht Theil haben, beides aber ist von dem Begriff der Persönlichkeit unzertrennlich. Damit gelangen wir zu einem andern Hemmniß für den Gewissensbegriff, welche in der Beziehung des ethischen Handelns zur psychologischen Beschaffenheit des Menschen liegt.

Wir werden nämlich sehen, daß Aristoteles ähnlich wie Plato dadurch an das Gewissen heranstreift, daß auch er die Beherrschung der niederen Seelentheile durch die Vernunft fordert, aber er geräth damit in einen ähnlichen Widerspruch wie mit seinem ersten Beweger: wie dieser in absoluter Ruhe verharrend dennoch den ersten Anstoß zur Weltentwicklung gegeben hat, so soll im ethischen Leben der *νοῦς* eine Herrschaft über die niederen Seelentheile ausüben, während doch im *νοῦς* seinem Begriffe nach nichts Ethisches liegt; ihn also als eine ethische Norm begrifflich zu fixiren, hätte sein eigenes Wesen zerstört.

Ihre psychologische Anknüpfung kann demnach die Ethik nicht im *νοῦς* haben, vielmehr also in einem niederen Seelentheil, und zwar in dem begehrenden Theil der Seele, denn diesem allein kommt ein Streben zu, und in dem Streben nach dem höchsten Gut besteht ja die ethische Thätigkeit. Aber das Gute selbst, das der Mensch erreichen kann, hat ja mit der Idee eines absolut Guten nichts zu thun, wie Aristoteles in der Nikom. Ethik von vornherein erklärt, es ist vielmehr das praktisch Gute, dessen Besitz oder Nichtbesitz von der eigenen Thätigkeit abhängt; aber damit ist die Frage nach dem, was an und für sich gut ist im ethischen Leben, ungelöst geblieben, ein absolut objectiver Maaßstab für das ethische Handeln, wie er in dem Aufstellen eines auch für den Menschen absolut Guten liegt, wird unmöglich gemacht. Somit kommt auch die aristotelische Ethik über einen gewissen Eudämonismus nicht hinaus, wenn dieser auch sehr milde auftritt; die Ethik kann auch keine streng wissenschaftlich genauen Aufstellungen machen, denn da Niemand weiß, ob das Streben nach Glückseligkeit auch gelingt, so bezieht sie sich nur auf das, was sich auch anders verhalten kann, d. h. was relativ ist und in seinem Gelingen von sehr verschiedenen Umständen abhängt. In dieser, nicht nur logischen, sondern auch sachlichen, Loslösung des praktisch Guten von dem absolut Guten — letzteres kann auch im ethischen Sinn — liegt ein gewichtiges Hinderniß für Aristoteles, die Thatsache und den Begriff des Gewissens recht zu würdigen, denn letzteres soll gerade das praktisch Gute, das wir ausüben und erstreben, mit dem absolut Guten in Einklang bringen und erklärt das erstere für schlecht, wenn es mit dem letzteren nicht stimmt.

Obwohl dies sich also verhält, so finden wir nun aber doch bei Aristoteles mancherlei Punkte, in denen er mit seinen Aussagen die Kenntniß des Gewissens als Thatsache im Menschen bekundet, mit Aus= sagen, die zwar ebensowenig als bei Plato den Ausdruck „Gewissen" kennen, die aber doch Zustände, Vorgänge und Verhältnisse im geistigen Leben, die wir mit diesem Ausdruck zu bezeichnen pflegen, mehr oder weniger deutlich schildern. So zunächst in dem Verhältniß der niederen Seelentheile zu den höheren und in der Wirkung dieses Verhältnisses nach seiner richtigen oder falschen Seite. Alles Begehren (cf. de an. III 10) wird in Bewegung gesetzt durch eine Vorstellung, aber es erhält einen verschiedenen Charakter dadurch, ob es durch Vernunftvorstellungen geleitet wird oder nicht. Sofern die Vernunft auf das Begehren bestimmend einwirkt, heißt sie $νοῦς\ πρακτικός$*) (im Unterschied von dem $νοῦς\ θεωρητικός$, der es überhaupt nicht mit dem Handeln, sondern nur mit der theoretischen Betrachtung zu thun hat); das Begehren aber, das selbst an der Vernunft keinen Theil hat, kann sich entweder der Vernunft unterwerfen oder ihr entgegentreten (Nik. Eth. I 13). Von der Vernunft allein aber gilt es: $ὁ\ νοῦς\ πᾶς\ ὀρθός$, während der Trieb sowohl $ὀρθός$ sein kann als auch nicht (de an. III 10), daher ist nur dann das Verhältniß ein richtiges, wenn das Begehren von der Vernunft geleitet wird. So wird gesagt, daß das Begehren nach der Vernunft sich zu richten habe, wie der Knabe nach seinem Erzieher (Nik. Eth. III 15: $ὥσπερ\ γὰρ\ τὸν\ παῖδα\ δεῖ\ κατὰ\ τὸ\ πρόσταγμα\ τοῦ\ παιδαγωγοῦ\ ζῆν,\ οὕτω\ καὶ\ τὸ\ ἐπιθυμητικὸν\ κατὰ\ τὸν\ λόγον$); daß der Enthaltsame nicht dem Trieb, sondern der Vernunft folge (de an. III 9). Wie aber das Verhältniß zwischen Beiden sich gestalte, liegt ganz und gar in dem freien Willen des Menschen, es hängt von uns ab, sittlich gut oder schlecht zu sein (Nik. Eth. III 7). Es ist

---

*) Dafür gebraucht Aristoteles wohl auch den Ausdruck $λόγος$, denn der $λόγος$ allein unterscheidet den Menschen vom Thier cf. Polit. I 2.

dies gewiß ein Hauptverdienst der aristotelischen Ethik, die damit die Basis einer gesunden Beobachtung treffend bewährt, daß sie die Wurzel und den Haupthebel aller sittlichen Entwicklung in der freien Willensbestimmung des Menschen sieht. Damit zeigt Aristoteles einmal eine tiefe und ernste Auffassung der Macht des Bösen in der Sünde (die consequenter Weise auf dem sokratischen und platonischen Standpunkt leicht durch den Mangel an Einsicht entschuldigt werden konnte, während Aristoteles sie ausdrücklich als etwas Freiwilliges bezeichnet, wofür wir selbst verantwortlich sind), sodann aber überhaupt eine hohe Würdigung des ethischen Handelns, denn, sagt er ganz bestimmt, nur eine freiwillige Handlung könne nach ihrer sittlichen Beschaffenheit in Betracht kommen (Nik. Eth. V 10). Dies ist nun aber auch für unsere Frage von der größten Wichtigkeit: denn wenn es lediglich von uns abhängt, gut oder böse zu sein, so muß auch die Entscheidung darüber, was gut und böse sei, bei uns stehen, ja Aristoteles spricht eine solche in uns liegende sittliche Entscheidung ganz deutlich aus, wenn er sagt, daß der in einer rechten Verfassung sich befindliche Mensch in jedem Stück das Wahre erkenne und selbst gleichsam Maaß und Richtschnur von Allem sei, während der große Haufe sich täuschen lasse durch die Lust, die ihm als Gutes erscheint, ohne es zu sein (Nik. Eth. III 6: ὁ σπουδαῖος γὰρ ἕκαστα κρίνει ὀρθῶς, καὶ ἐν ἑκάστοις τἀληθὲς αὐτῷ φαίνεται — ὥσπερ κανὼν καὶ μέτρον αὐτῶν ὤν. τοῖς πολλοῖς δὲ ἡ ἀπάτη διὰ τὴν ἡδονὴν ἔοικε γίνεσθαι. οὐ γὰρ οὖσα ἀγαθὸν φαίνεται. αἱροῦνται οὖν τὸ ἡδὺ ὡς ἀγαθόν, τὴν δὲ λύπην ὡς κακὸν φεύγουσιν). So unterscheidet Aristoteles auch mit großer Schärfe Naturrecht und gesetzliches Recht, letzteres wird erst giltig durch Uebereinkommen unter den Menschen und ist veränderlich, dagegen vom ersteren heißt es: πανταχοῦ τὴν αὐτὴν ἔχον δύναμιν, καὶ οὐ τῷ δοκεῖν ἢ μή (Nik. Eth. V 10). Auch setzt endlich Aristoteles die Möglichkeit voraus, daß der Mensch dahin gelangen könne, für sein sittliches Leben nicht erst der regelnden Vorschriften des Staates zu bedürfen, denn von den Menschen, die auf der Höhe der Tugend stehen, gilt es: κατὰ τῶν τοιούτων οὐκ ἔστι νόμος, αὐτοὶ γάρ εἰσι νόμος (Polit. III 13).

Aber nicht nur die Möglichkeit einer inneren sittlichen Entscheidung kennt Aristoteles, sondern auch die verschiedene innere Wirkung einer solchen Entscheidung. Da es nur ganz der Natur des Menschen gemäß ist, wenn die Vernunft in ihm regiert, so ist es klar, daß die Erinnerung an derartig vollbrachte Handlungen dem Menschen angenehm ist (Nik. Eth. IX 4). Die Seele des Bösewichts dagegen ist mit sich selbst in Streit, ein Theil derselben trägt Leid, der andere freut sich; der Bösewicht folgt nur der Begierde, während sein Wille eigentlich auf etwas Besseres gerichtet ist; er empfindet sofort Unlust über die Lust, die er soeben genossen, und wünscht sie nicht genossen zu haben, denn ohne Unterlaß quält ihn die tiefste Reue; daher sucht er Gesellschaft, um seine widerwärtigen Erinnerungen, die ihn in der Einsamkeit quälen, zu vergessen, ja er kommt dahin, sein Leben zu

verabscheuen und durch Selbstmord seinem elenden Dasein ein Ende
zu machen. Diese tieferuste Schilderung der furchtbaren Qualen eines
bösen Gewissens findet sich in dem zuletzt citirten Capitel der Nikom.
Ethik. So sind dem scharfblickenden Empiriker die Seelenzustände, die
das sittliche Handeln im Gefolge hat, nicht entgangen. Wir finden
dann aber auch in der Behandlung der einzelnen, in der griechischen
Ethik herkömmlichen Begriffe Manches, sei es in der Erklärung dieser
Begriffe selbst oder da und dort vereinzelt hervortretend, was an den
Gewissensbegriff wenigstens heranstreift. So zunächst in der Bestim=
mung des höchsten Gutes. Das höchste Gut ist dasjenige, was nicht
um eines andern, sondern lediglich um seiner selbst willen angestrebt
wird und für sich allein genügt, dem Leben den höchsten Werth zu
verleihen (cf. Nik. Eth. I 1 ff.). Daß dies nur die Glückseligkeit
sein kann, ist kein Zweifel, aber worin besteht diese? Weder in dem
Genuß, noch in Ehre oder Reichthum allein, sondern lediglich in der
dem menschlichen Wesen eigenthümlichen Thätigkeit, d. h. der Vernunft,
oder, da die vernünftige Thätigkeit den Begriff der Tugend ergibt,
in der tugendhaften Thätigkeit. Da es aber mehrere derartige Thätig=
keiten gibt, so kann die Glückseligkeit nur in der höchsten und vollen=
detsten derselben bestehen, diese aber ist die theoretische oder reine Denk=
thätigkeit, sie allein hat ihren Zweck und ihren Werth in sich selbst,
sie allein gibt daher dem Menschen wahre Ruhe, innere Befriedigung
und höchste Glückseligkeit. „Ein solches Leben," sagt Aristoteles (Nik.
Eth. X 7), „muß ein mehr als menschlich Gutes sein, denn nicht so=
fern einer bloß Mensch ist, wird er so leben, sondern sofern etwas
Göttliches in ihm ist." Und, fährt unser Philosoph nachher fort in
erhabener Würdigung des Menschen und dessen Aufgabe, „man muß
nicht, wie die gewöhnliche Meinung will, als Mensch und sterbliches
Wesen auch nur Menschliches und Sterbliches denken, sondern so viel
als möglich unsterblich zu sein und ein dem Höchsten in uns entsprechen=
das Leben zu führen suchen; denn wenn dies Höchste auch beschränkt
ist der Quantität nach, so ist es doch nach Kraft und Werth weit
über Alles andere erhaben." Obwohl nun ja, wie früher ausgeführt,
diese reine theoretische Denkthätigkeit — in der das wahrhaft Göttliche
des Menschen liegt — nichts Ethisches in sich enthält und nichts
enthalten kann, das Ethische vielmehr als ein Niederes, das seinen
Zweck außer sich sucht, direct davon unterschieden wird; obwohl ferner
nach Aristoteles gewisse äußere günstige Verhältnisse zur Glückseligkeit
nicht fehlen dürfen (Nik. Eth. I 9. 11), so sehen wir doch die für
unsere Frage wichtige Thatsache, daß Aristoteles überhaupt die höchste
Befriedigung und Glückseligkeit wesentlich in den Menschen legt.

Aber ebenso die Lust, die mit jener wesentlich zusammenfällt. Die
Lust soll nicht Zweck und Beweggrund unseres Thuns sein, sie ist
vielmehr das Resultat, das mit der vollkommenen Thätigkeit ebenso
absolut unmittelbar gegeben ist wie die Schönheit und Gesundheit mit
der vollkommenen Beschaffenheit des Körpers. Das sittliche Handeln

gewährt an sich schon die reinste Lust, sie ist von der Tugend gar nicht zu trennen, die tugendhafte Thätigkeit fühlt sich unmittelbar in sich befriedigt und bedarf keiner äußerlichen Lust (Nik. Eth. X 2—4. 7. I 9. VII 13. Metaphys. XII 7). So liegt letztere auch in dem Menschen, sie fällt mit der höchsten Glückseligkeit zusammen. Dieser innere Zustand der Selbstbefriedigung aber kann selbst durch schwere Erfahrungen nicht in Unseligkeit verwandelt werden, die äußeren Güter haben jener gegenüber nur so viel Werth, als sie eben nothwendig sind zum vollendeten Leben und als Mittel für die Zwecke der sittlichen Thätigkeit gestaltet werden (Nik. Eth. I 8. 11 VII 14. Polit. VII 1).

Auch in der Lehre von der Tugend endlich finden wir Aehnliches. Da die Tugend eine geistige Beschaffenheit ist, so zerfällt sie nach der doppelten Gliederung der Vernunft ($νοῦς\ θεωρητικός$ — $νοῦς\ πρακτικός$) auch in eine dianoetische und ethische Tugend, jene sich beziehend auf die Vernunftthätigkeit als solche, diese auf die Beherrschung des unvernünftigen Seelentheils durch den vernünftigen (Nik. Eth. I 13). Für die ethische Tugend (denn nur diese kann bei dem Gewissensbegriff, der die praktische Lebensthätigkeit voraussetzt, in Betracht kommen) ist im Menschen eine bestimmte natürliche Empfänglichkeit und Anlage vorhanden. Diese Anlage ist freilich an sich weder gut noch böse und hängt nicht von uns ab, dagegen liegt es in unserer Gewalt, ob wir die natürliche Anlage durch fortgesetzte Uebung zur Tugend ausbilden wollen oder nicht, denn die Tugend ist eine Beschaffenheit ($ἕξις$) unseres Willens, und das sittliche Handeln erhält wesentlich seinen Werth nicht durch das äußere Thun, sondern durch die innere Gesinnung (Nik. Eth. II 1. 4. VI 13. II 3. IV 2. V 13. VI 10). Hier ist also auch die in dem Menschen liegende Instanz zur Unterscheidung und Ausbildung des Guten und Bösen vorausgesetzt, sowie auch die Möglichkeit, daß das äußere Handeln dem inneren Bewußtsein widerspricht. Dasselbe ergibt sich auch aus der Polemik des Arist. gegen die sokratische Lehre, daß die Tugend im Wissen bestehe und daß Niemand das Schlechte mit dem Bewußtsein seiner Schlechtigkeit thue, denn, macht Aristoteles hier geltend, der Handelnde kann ja die Anwendung der sittlichen Regel, die er recht wohl kennt, für den einzelnen Fall unterlassen und folgt dann seiner sinnlichen Begierde statt dem Moralgesetz (Nik. Eth. VII 5). Aristoteles bemerkt auch endlich ganz ausdrücklich, daß die sittliche Beschaffenheit mit vollem Bewußtsein nach einer ganz bestimmten Seite gerichtet sein müsse: wer das Gute kann und weiß, der kann und weiß auch das Schlechte, aber er kann nur das Eine wählen, um das Andere auszuschließen.

Freilich dürfen wir nicht unerwähnt lassen, daß gerade in dieser Lehre von der ethischen Tugend, wo die Frage nach einem absoluten sittlichen Maaßstab unserer Handlungen direct an ihn herantritt, Aristoteles uns mit einer erschöpfenden begrifflichen Bestimmung desselben ganz im Stiche läßt. Wenn nämlich die Tugend eine sittliche

Beschaffenheit unseres Willens ist, so fragt es sich ja, welche Beschaffenheit ist denn sittlich? Diejenige, antwortet uns Aristoteles echt griechisch nach dem alten μηδὲν ἄγαν, welche das Zuviel und das Zuwenig vermeidend stets die richtige Mitte hält. Diese richtige Mitte ist also der Maaßstab, der ὀρθὸς λόγος für unsere Handlungen; aber, fragt es sich nun weiter, wo ist die richtige Mitte und woher wissen wir, ob wir sie inne haben? Da weiß uns Aristoteles nichts Anderes zu sagen, als daß die practische Einsicht im einzelnen Fall schon die im Verhältniß zu unserer Eigenthümlichkeit richtige Mitte zu finden wisse (ib. II 5. VI 1). Da wird nun freilich die Entscheidung über das Sittliche wieder in den Menschen hineinverlegt, aber statt einer absoluten für Alle verbindlichen sittlichen Norm ist vielmehr eine ziemlich schwankende gegeben, wenn die richtige Mitte nur immer je nach der individuellen Eigenthümlichkeit des Handelnden bestimmt werden kann. Sagt doch Aristoteles selbst, daß die Tugenden des Sclaven oder des Weibes andere sind als die Tugenden des Mannes; dieser letztere ist ihm ja überhaupt allein das vollkommene Geschöpf, jene sind unvollkommene Wesen und daher auch ihre Tugend eine unvollkommene.*) So zeigt sich auch hier wieder wie bei Plato der Mangel des antiken Standpunkts, der bestimmte Menschenklassen von vornherein aus dem Zusammenhang des sittlichen Lebens, in dem die Aristokratie der Einsichtigen oben an steht, hinausstößt, der eine für Alle sich darbietende innere Glückseligkeit nicht kennt, — denn die des theoretischen Wissens können doch nur sehr Wenige erlangen —, der zu einer Auffassung des Menschen als solchen, als sittlicher Persönlichkeit sich nicht erheben und darum auch eine über den individuellen Verhältnissen stehende allgemeine menschliche sittliche Norm nicht finden konnte, wenn sie auch wohl geahnt wurde und die Fähigkeit dazu in allen Menschen wohl erkannt war.

V. Der Stoicismus.

Die Gestaltung der philosophischen Systeme nach Aristoteles war wesentlich durch andere Umstände bedingt als wie sie bisher in dem Gang der griechischen Philosophie obgewaltet hatten. Die bisherigen Systeme sind durch eine innere Entwickelung auseinander entstanden, dagegen wurde die eigenthümliche Gestaltung der Philosophie nach Aristoteles auf's Wesentlichste durch die gewaltigen politischen und socialen Umwälzungen im griechischen Volke hervorgerufen. Zwar soll nicht gesagt sein, daß die nacharistotelische Philosophie in gar keinem inneren Connex mit der bisherigen steht; ihre überwiegend praktische Seite konnte ja leicht einen Anknüpfungspunkt finden bei Sokrates, dessen Schulen zum Theil direct die eigenthümliche Gestaltung dieser nacharistot. Philosophie vorgebildet haben, nämlich die cynische Schule den

---

*) Den Sclaven nennt Aristoteles ein ὄργανον ζῶον, ihm kommt gar kein βουλευτικόν zu; dem Weibe kommt es wohl zu, aber ohne Gültigkeit (ἄκυρον), vielmehr gilt von ihm in Bestimmung sittlicher Verhältnisse das Wort bei Sophokles' Ajax (293): γυναικὶ κόσμον ἡ σιγὴ φέρει. cf. Polit. I 2—5. 13. III 14.

Stoicismus und die cyrenaische den Epicureismus. Und wenn die platonische und aristotelische Philosophie nur in der Vernunft das eigenthümliche Wesen des Menschen sehen, wodurch er sich über die Sinnenwelt und ihre Störungen erhebt, um in der Welt der reinen Idee oder des theoretischen Denkens seine höchste Befriedigung zu finden, so war es nur noch ein Schritt zur stoischen Apathie oder zur epicureischen Ataraxie. Daß aber dieser Schritt überhaupt gethan wurde und gerade nach dieser bestimmten Richtung hin, dazu haben vorzugsweise äußere Umstände mit eingewirkt. Die Kraft der einzelnen Gemeinwesen in Griechenland war schon seit dem peloponnesischen Kriege gebrochen; die ideale Auffassung des Gemeinwesens mußte vor dem Wüthen der Leidenschaften, mit dem die griechischen Staaten sich selbst verzehrten, zurücktreten; der Blick mußte sich unter solchen Umständen ganz unwillkürlich abwenden von den Aufgaben des Gemeinwesens und sich hinlenken auf die privaten und persönlichen Interessen des Einzelnen. Der einzelne Mensch mußte aber auch als solcher in seinem Werth und seiner Bedeutung um so mehr beachtet und gewürdigt werden, je mehr durch die Gründung des mazedonischen Weltreiches nicht nur die Bedeutung eines kleinen griechischen Gemeinwesens schwinden mußte, sondern auch die Schranken, welche bisher die Völker getrennt hatten, so daß die sittliche Aufgabe als eine für den Menschen an sich geltende gefaßt und die Ethik von der Politik losgelöst wurde. Endlich aber drängte die mit der politischen Hand in Hand gehende sittliche Zerrüttung Griechenlands die edleren Geister des Volkes — und das waren gewiß dessen Philosophen — zu der Betrachtung und Erörterung der sittlichen Ideale des menschlichen Lebens, weil sie wohl erkannten, daß nicht durch ein theoretisches Wissen, sondern vielmehr durch eine sittliche Neubelebung und Stärkung die Zustände ihres Volkes sich wieder bessern könnten. Die Hoffnungs- und Erfolglosigkeit solch tiefer Erkenntniß und solch edeln Strebens zeigt sich freilich in dem eigenthümlichen Charakter der aufgestellten ethischen Systeme dann sofort, denn, sagt Zeller (Philos. der Griechen III 1 S. 12), „die öffentlichen Zustände Griechenlands waren bereits so hoffnungslos, daß es die Wenigen, welche sich noch an ihrer Heilung versuchten, doch nicht weiter als zur Ehre des Märtyrerthums bringen konnten. So wie die Dinge lagen, schien auch dem Besten nichts Anderes übrig zu bleiben, als daß er sich auf sich selbst zurückziehe, sich in der Sicherheit seines Selbstbewußtseins den äußeren Schicksalen entgegenstelle, seine Zufriedenheit einzig und allein von dem Zustand seines Innern abhängig mache".

Was also von der nacharistotelischen Philosophie im Allgemeinen, gilt dann von dem Stoicismus, unstreitig dem bedeutendsten und erhabensten System dieser Epoche, im Besonderen. Es ist nun aber in Bezug auf den Gegenstand, mit dem wir es hier zu thun haben, von vornherein einleuchtend, daß in einer Ethik wie derjenigen des Stoicismus der Gewissensbegriff viel eher dem philosophischen Bewußtsein sich aufdrängen wird, als das in den bisherigen Systemen der Fall war. Ein Hemmniß war es vor Allem, was bisher diesen Begriff

unmöglich machte: es war der antike Standpunkt, der keine sittliche
Gleichberechtigung der Menschen kannte, der den Menschen nicht als
solchen betrachtete und nicht eine sittliche Norm als solche aufstellte,
sondern der stets bei seinen sittlichen Bestimmungen die durch Volk,
Stamm, Stand und Geschlecht gesetzten Unterschiede der Menschen im
Auge hatte, ihn nur betrachtete als Glied des Staates und die Ethik
nicht loslösen konnte von der Politik. Dieses Haupthemmniß fiel jetzt
weg, da die Ethik die oben erwähnte Richtung nahm; und insbesondere
durch die Loslösung derselben von der Politik wurden die Gesetze für
das sittliche Leben, die bisher im Gemeinbewußtsein gelegen hatten
und selbst staatliche Vorschriften sein sollten, in das Einzelbewußt=
sein gelegt; in dem letzteren mußte sie jetzt lebendig und wirksam
sein, sollten sie überhaupt zur Geltung kommen, da das Gemeinbewußt=
sein die Ideale der vergangenen Zeit nicht mehr darbieten konnte.
Dadurch also mußte sich der Blick für die in den einzelnen Menschen
liegende sittliche Norm schärfen, ja diese mußte ganz besonders betont
werden, da man ja keine andere mehr kannte. So hat denn die
stoische Philosophie in der That zuerst den Ausdruck und Begriff des
Gewissens aufgestellt, freilich nicht sofort, aber doch in ihrem letzten
Entwicklungsstadium auf römischem Boden. Letzteren zu betreten liegt
nun freilich nicht innerhalb des Rahmens unserer Aufgabe, wir werden
also den Gewissensbegriff im römischen Stoicismus zwar nicht näher
zu schildern, aber doch als Ergebniß des Vorhergehenden kurz zu
berühren haben, um so mehr, da wir auch für die Kenntniß des
eigentlich griechischen Stoicismus großentheils auf römische Quellen
angewiesen sind.

Die Ethik des Stoicismus hängt auf's Engste mit dessen Psycho=
logie zusammen und letztere mit seiner Theologie. In der Physik sind
die Stoiker Materialisten, in der Theologie Pantheisten. Indem sie
materialistisch nur das Körperliche als wirklich anerkennen (cf. Diog.
Laert. VII 56. Plut. de plac. phil. I 11. IV 20. Stob. Ekl. I
336—338. Senec. epist. 106, 4. 117, 2), unterscheiden sie doch,
um das Leben und die Bewegung zu erklären, innerhalb des Körper=
lichen selbst zwei Principien, das Leidende und das Wirkende, den
Stoff und die Kraft, und die letztere, als die einheitlich wirkende
Ursache, fällt zusammen mit der Gottheit. So berichtet deutlich
Diogenes Laertius (VII 134) als die Lehre des Zeno von Cittium,
des Kleanthes, Chrysippus, Archidemus und Posidonius: δοκεῖ δ'αὐτοῖς
ἀρχὰς εἶναι τῶν ὅλων δύο, τὸ ποιοῦν καὶ τὸ πάσχον. τὸ μὲν
οὖν πάσχον εἶναι τὴν ἄποιον οὐσίαν, τὴν ὕλην, τὸ δὲ ποιοῦν
τὸν ἐν αὐτῇ λόγον, τὸν θεόν. τοῦτον γὰρ ὄντα ἀΐδιον διὰ πάσης
αὐτῆς δημιουργεῖν ἕκαστα (cf. Senec. ep. 65, 2). Diese oberste
Ursache alles Seins oder die Gottheit faßten sie nun, und zwar auf
dem Wege der Teleologie (wie dies Cicero ausdrücklich bemerkt de nat.
deor. II 8, 22. III 9, 22), als vernünftig, mit Bewußtsein begabt,
in sittlicher und jeder geistigen Beziehung vollkommen über alle Wesen
erhaben (cf. ib. II 6, 16. III 10, 25. Muson. nach Stob. Floril.

117, 8). Ihre nähere Bezeichnung geschieht nun mit den verschiedensten Ausdrücken: nach der materiellen Seite wird sie als Feuer bezeichnet, von dem alle belebende Kraft ausgeht (Cic. de nat. deor. II 9, 23 ff.), und als Luft, Hauch oder Pneuma, das Alles durchdringe (Diog. Laert. VII 148. Stob. Eklog. I 58. 60. Cic. Acad. II 41, 126. de nat. deor. I 14, 36); nach geistiger Seite aber auch als die Vernunft und die Seele der Welt (λόγος, ψυχή κόσμου cf. Diog. Laert. VII 138. 147. Stob. Ekl. I 58. Cornut. de nat. deor. II. Cic. Acad. II 37, 119. de nat. deor. 22, 58. Senec. de benef. IV 7. nat. quaest. II 45), welche die Ordnung der Dinge zusammenhält als das ewige Gesetz, als das Schicksal und die Vorsehung (νόμος, εἱμαρμένη, πρόνοιά cf. Diog. Laert. ib. 88. 135. Plut. de repug. Stoic. 34. Cic. de nat. deor. I 15, 39. II 22, 58. Kleanthes am Schluß seines Hymnus auf Zeus bei Stob. Ekl. I 34). Alle diese Ausdrücke bezeichnen aber nur ein und dasselbe, sie schildern alle das eine göttliche Wesen, das man nach Diogenes Laertius (VII 135) noch mit πολλαῖς ἑτέραις ὀνομασίαις benennen könnte. Dies Wesen ist, sagt Seneca (nat. quaest. II 45. cf. de benef. IV 7) operis hujus dominus et artifex, cui nomen omne convenit: vis illum fatum vocare? non errabis; — vis illum providentiam dicere? recte dices; — vis illum naturam vocare? non peccabis; vis illum vocare mundum? non falleris: ipse enim hoc est quod vides totum, partibus suis inditus, et se sustinens et sua. Aehnlich berichtet Cicero über den stoischen Gottesbegriff (de nat. deor. I 14).*) Daraus ergibt sich, daß der Gottesbegriff der Stoiker wesentlich pantheistisch war; es sind nur verschiedene Seiten der Betrachtung, ob das Universum nach seiner verborgenen schöpferischen Einheit Gott oder nach der sichtbaren Entfaltung seiner Manchfaltigkeit in den Einzeldingen Welt genannt wird (cf. Sen. de benef. IV 7: tot adpellationes, quot munera). Daraus folgt aber auch der deterministische Charakter der stoischen Weltanschauung, da Alles nach dem unabänderlichen Zusammenhang von Ursache und Wirkung, nach den ewigen Weltgesetzen erfolgt (Diog. Laert. VII 149. Plut. de fato 11). Freilich die Schwierigkeit, in welche die Stoiker wie jede deterministische Weltanschauung der Freiheit des menschlichen Willens gegenüber geriethen — welche Freiheit sie selbst für die sittliche Zurechnung für unumgänglich nöthig halten (cf. Plut. de fato 3. Cic. de fato 18, 41 ff.) —, diese Schwierigkeit haben sie trotz mancher Versuche nicht überwunden.**)

Die Stoiker konnten nun folgerichtig den Menschen und seine Thätigkeit von der Nothwendigkeit des gesetzmäßigen Weltzusammen-

---
*) Es verschlägt für die Verwerthung, die von dieser ciceronianischen Stelle für den stoischen Pantheismus zu machen ist, nichts, daß Cicero hier den Vorwurf des Widerspruchs gegen die verschiedenen Bestimmungen im stoischen Gottesbegriff erhebt, denn dieser Vorwurf beruht nur auf einer Verkennung des Sinnes, in dem die Stoiker diese verschiedenen Bezeichnungen gebrauchten. Cicero vergaß, daß sie ja Seele, Geist, Vernunft körperlich auffaßten. cf Krische: Forschungen auf dem Gebiet der alten Philosophie S. 365 ff.

**) cf. Darüber Zeller a. a. O. III 1 S. 161 ff.

hangs nicht ausnehmen. Der Mensch steht vielmehr mit der Alles durchdringenden Gottheit in innigster Verbindung durch sein Seelenleben. Die Seele nämlich, die sich die Stoiker nach ihrer materialistischen Grundanschauung auch nicht anders als eine körperliche Substanz, als Feuer oder Pneuma, denken konnten (cf. Diog. Laert. VII 156. Tertull. de an. V), durchdringt und erhält den Körper in ähnlicher Weise wie die Weltseele das Weltganze (cf. Diog. Laert. ib. Cornutus [ed. Osann] de nat. deor. II. Plat. de vita Hom. 127. de repug. Stoic. 41, 2. Cic. de nat. deor. III 14, 36. Tusc. I 9, 19. 18, 42. Stob. Ekl. I 874). Was sodann näher ihr Verhältniß zur Weltseele betrifft, so steht sie zu ihr im Verhältniß des Theils zum Ganzen, aber nicht nur so wie alles Uebrige von der allgemeinen Lebenskraft durchdrungen, sondern in einem ganz besonders innigen Verhältniß durch die in uns liegende Vernunft. So heißt es bei Epiktet (ed. Schweighäuser. Dissert. I 14, 6): αἱ ψυχαὶ οὕτως εἰσὶν ἐνδεδεμέναι καὶ συναφεῖς τῷ θεῷ ἅτε αὐτοῦ μόρια οὖσαι καὶ ἀποσπάσματα. Und ebenso dissert. II 8, 11: σὺ ἀπόσπασμα εἶ τοῦ θεοῦ ἔχεις τι ἐν σεαυτῷ μέρος ἐκείνου. So nahe faßt Epiktet das Verhältniß von Gott und Menschen auf, daß er vom Menschen sagt (diss. I 12, 26), er sei zwar dem Körper nach gar winzig gegenüber dem Ganzen, dagegen κατὰ τόν λόγον οὐδὲ χείρων τῶν θεῶν οὐδὲ μικρότερος. Aehnlich sagt denn nun auch Seneca (ep. 66, 12): ratio autem nihil aliud est, quam in corpus humanum pars divini spiritus mersa; ferner ep. 41, 2: sacer intra nos spiritus sedet, malorum bonorumque nostrorum observator et custos; hic prout a nobis tractatus est, ita nos ipse tractat; bonus vero vir sine deo nemo est. An potest aliquis supra fortunam nisi ab illo adjutus exsurgere? ille dat consilia magnifica et erecta. In unoquoque virorum bonorum „quis deus incertum est, habitat deus". Bei Cicero (tuscul. V 13) wird die menschliche Seele bezeichnet als decerptus ex mente divina. Auch Marc Aurel endlich nennt sie ein ἀπόσπασμα des Zeus, daher nur derjenige ein gottinniges Leben führe, dessen Seele dem νοῦς und λόγος gehorsam sei (V 27. XII 26).

So sehen wir, daß der Stoicismus die Göttlichkeit der menschlichen Seele näher im Sinne einer ethischen Macht auffaßte, als dies die früheren Systeme gethan hatten. Das ist eben nur eine Folge des Gesammtcharakters und der Stellung des stoischen Systems, und es wird durch ihren Pantheismus noch insbesondere hervorgerufen. Die Sache wird aber schwierig wegen des auf dem Pantheismus beruhenden Determinismus des stoischen Systems. Wir können uns nicht verhehlen, wie dies den Hauptwiderspruch bildet mit der Gesammtstellung dieses Systems, das die ethische Norm gerade aus dem Gemeinbewußtsein in das Einzelbewußtsein legte; aber was soll das sittliche Einzelbewußtsein für eine Bedeutung haben, wenn es in der festen Nothwendigkeit von Ursache und Wirkung mit eingeschlossen ist? Die Stoiker kommen ja auch gerade wegen ihres Pantheismus, wie wir gleich sehen werden, dem Gewissensbegriff nahe, wie soll man den sittlichen Werth des Menschen an der Norm des allgemeinen sittlichen Weltgesetzes, an dem er Theil hat durch seine Seele, messen, wenn seine Handlungen deterministisch betrachtet werden und ihm also nicht zugerechnet werden können? Es kommen dann auch die Stoiker der praktischen Wirklichkeit gegenüber, wo der Mensch für sein Verhalten verantwortlich gemacht wird, zu einer Durchbrechung ihres Determinismus — wie das schließlich jedem deterministischen System ergeht —, wodurch jene innige Gottverwandtschaft der menschlichen Seele um so mehr als eine sittliche Fähigkeit hervortritt. Wenn Kleanthes in den Versen, die von Epiktet und Seneca*) citirt werden, als den Gottlosen denjenigen betrachtet, der nur widerwillig dem über ihn verhängten göttlichen Geschicke folgt, während derjenige weise und rechtschaffen ist, der sich ihm willig unterwirft, so ist also das velle und nolle in des Menschen freie Entscheidung gelegt, damit aber auch eine sittliche Entscheidung ausgesprochen, da eben, was in jenen Versen auch ausdrücklich erwähnt ist, der Mensch das velle als das dem göttlichen Willen Gemäße, also als das Gute, das nolle dagegen als das ihm Widerstrebende, also als das Böse, erkennt. So setzt Seneca zu den citirten Versen hinzu: hic est magnus animus, qui se deo tradidit: at contra ille pusillus et degener, qui oblectatur et de ordine mundi male existimat et emendare mavult deos quam se. Ferner haben wir schon erwähnt, daß die Stoiker auf die Selbstbestimmung des Menschen, in deren Zusammenwirken mit den äußeren Umständen unsere Freiheit allein bestehen soll, das höchste Gewicht legen; damit ist aber doch auch wieder eine Freiheit im Thun oder Lassen substituirt. Die Fähigkeit der sittlichen Selbstbestimmung aber liegt in demjenigen Theil unserer Seele, welcher die eigentliche Gottverwandtschaft enthält; die Stoiker unterscheiden nämlich acht Seelentheile: die fünf Sinne, das Zeugungsvermögen, das Sprachvermögen und die Vernunft (cf. Diog. Laert. VII 110. Plut. de plac. phil. IV 4 u. 21). Letztere aber ist der eigentlich herrschende Seelentheil, das λογιστικόν oder ἡγεμονικόν ist die eigentliche Grundkraft der Seele, von welcher die anderen nur Zweige sind, in ihr liegt die Einheit des Seelenlebens, in ihr das Ich, die Persönlichkeit und also auch jene zum sittlichen Leben nothwendige Selbstbestimmung. Der Name ἡγεμονικόν bezeichnet auch die Bestimmung

---

*) cf. Epikt. Encheir. 52:
ἄγου δέ μ', ὦ Ζεῦ, καὶ σὺ γ' ἡ πεπρωμένη
ὅποι ποθ' ὑμῖν εἰμι διατεταγμένος.
ὡς ἕψομαί γ' ἄοκνος. ἢν δὲ μὴ θέλω,
κακὸς γενόμενος, οὐδὲν ἧττον ἕψομαι.
ὅστις δ' ἀνάγκῃ συγκεχώρηκεν καλῶς,
σοφὸς παρ' ἡμῖν, καὶ τὰ θεῖ' ἐπίσταται.
cf. Senec. ep. 107, 11: Duc o parens celsique dominator poli,
quocunque placuit, nulla parendi mora est.
adsum impiger. Fac nolle, comitabor gemens
malusque patiar quod pati licuit bono.
Ducunt volentem fata, nolentem trahunt.

jenes Seelentheils hinlänglich, der Mensch weiß, daß er von ihm sich leiten lassen soll und daß er beim Widerstreben gegen dasselbe ein Unrecht begeht. Es ist also dasselbe Verhältniß in seiner Vereinzelung betrachtet, das zwischen der Gottheit, die ja auch ἡγεμονικόν genannt wird, und der Gesammtheit des Weltganzen stattfindet. So mahnt denn auch Epiktet (Encheir. 37), darauf Acht zu haben μή καὶ τὸ ἡγεμονικὸν βλάψῃς τὸ σεαυτοῦ. καὶ τοῦτ᾿ ἂν ἐφ᾿ ἑκάστου ἔργου παραφυλάσσωμεν, ἀσφαλέστερον ἁψόμεθα τοῦ ἔργου. Aehnlich heißt's in der schon citirten Stelle bei Marc Aurel (V 27), daß die gottgeeinte Seele thue ὅσα βούλεται ὁ δαίμων, ὃν ἑκάστῳ προστάτην καὶ ἡγεμόνα ὁ Ζεὺς ἔδωκεν, ἀπόσπασμα ἑαυτοῦ. οὗτος δέ ἐστιν, ὁ ἑκάστου νοῦς καὶ λόγος. Hier haben wir noch einen andern Ausdruck für den göttlichen Seelentheil, nämlich δαίμων. Daß derselbe auch bei den älteren Stoikern schon vorkam, sehen wir aus Diogenes Laertius (VII 88), der als Lehre des Chrysippus berichtet, die Tugend bestehe darin, ὅταν πάντα πράττηται κατὰ τὴν συμφωνίαν τοῦ παρ᾿ ἑκάστῳ δαίμονος πρὸς τὴν τοῦ ὅλου διοικητοῦ βούλησιν. Zeus hat ihn einem Jeden gegeben, sagt Epiktet (dissert. I 14, 12), τὸν ἑκάστου δαίμονα — φυλάσσειν αὐτόν, καὶ τοῦτον ἀκοίμητον καὶ ἀπαραλόγιστον, und einen besseren Wächter hätte er uns nicht geben können. So spricht auch Seneca in der oben citirten Stelle (ep. 41, 2) von dem malorum bonorumque nostrorum observator et custos, der in uns sitze, ebenso ep. 110, 1 von dem paedagogus in uns; und ep. 31, 9 sagt er: quaerendum est quod non fiat in dies pejus, cui non possit obstari. Quid hoc est? animus: sed hic rectus, bonus, magnus. Quid aliud voces hunc quam deum in corpore humano hospitantem?

So führt trotz des Determinismus die stoische Auffassung des Menschen zu Aussagen, die mit dem Gewissensbegriff nach der Seite seiner gesetzgeberischen Thätigkeit identisch sind. Es ist klar, warum gerade diese Seite zunächst besonders hervortritt: es ist der ganze Charakter der nacharistotelischen Philosophie, die nach Normen für das sittliche Leben sucht. Für den Stoicismus hing nun die klare Aufstellung einer solchen in dem menschlichen Bewußtsein liegenden sittlichen Norm auf's Engste mit ihrem Pantheismus zusammen. Aber sehen wir davon ab, so gewinnen wir hier die wichtige Thatsache, daß das Gute, das in der allgemeinen Weltordnung begründet ist, dem Menschen als klar erkanntes, absolutes Gesetz gegenüber tritt, ein Gesetz, das für jeden unbedingt, unabhängig von seinem persönlichen Belieben, bindend ist, in dessen Vollziehung der Mensch seiner natürlichen Anlage zum sittlich Guten folgt, während er dem Bösen von Natur widerstrebt (cf. Diog. Laert. VII 89. 94. 101. Stob. Ekl. II 160. 202. Epikt. dissert. III 2, 2. encheir. 2, 2). Damit haben sich die Stoiker dem Gewissensbegriff nicht nur genähert, sondern sprechen eine Seite desselben ganz direct aus.

Auf dieser Grundlage erheben sich dann leicht die Forderungen der stoischen Ethik, vor Allem die oberste Forderung eines naturgemäßen

Lebens. Vermöge des obersten Triebes der Selbsterhaltung nämlich strebe jedes Wesen nach dem, was nach seinem eigenen Bewußtsein (συνείδησις) seiner eigenthümlichen Natur gemäß sei, während es das ihm Schädliche fliehe (Diog. Laert. VII 85 ff. cf. Cic. de off. I 4). Die dem Menschen eigenthümliche Natur liegt nun in seiner Vernunft, also wird das Höchste für ihn darin bestehen, gemäß seiner Vernunft zu handeln, oder, da diese ja ein Theil des allgemeinen Weltgesetzes ist, gemäß diesem ewigen göttlichen Gesetz, auf daß mit diesem sein Handeln übereinstimme (Diog. L. VII 86—89. 94. Stob. Ekl. II 132 ff.). Es ist daher ein und dasselbe, ob jene ethische Forderung bezeichnet wird als ein Leben gemäß der Natur oder gemäß der Vernunft.

Wir begegnen hier zum ersten Male dem Ausdruck συνείδησις. Das Wort bezeichnet hier jedoch lediglich „Bewußtsein", nämlich das Bewußtsein des ζῶον von der ihm eigenthümlichen natürlichen körperlichen Beschaffenheit, so daß es also weiß, was derselben gemäß ist, und was nicht. Eine solche Beschaffenheit (σύστασις) hat jedes, auch unbeseelte Ding, dagegen die συνείδησις kommt nur den mit einer Seele begabten Wesen zu, auch den Thieren, wenn sie auch ähnlich wie die Kinder nur undeutlich instinctartig das ihrer Natur Gemäße thun (cf. Cic. de fin. 5, 16. Senec. ep. 121, 5 ff.). Wir dürfen also in dem Wort συνείδησις an und für sich keine Bezeichnung des Gewissens suchen, aber es war doch von großer Bedeutung, daß die Stoiker diesen Ausdruck gebraucht hatten, ist doch aus ihm der eigentliche Gewissensbegriff erwachsen, den wir bei den jüngeren römischen Stoikern, vorab bei Seneca, dann wirklich finden. Wenn nämlich des Menschen höchster Zweck in dem naturgemäßen Leben bestehen soll — was bei ihm ja nichts anders heißt als ein vernunftgemäßes Leben in Uebereinstimmung mit dem ewigen göttlichen Weltgesetz —, so weiß ja der Mensch ganz unmittelbar in seinem Selbstbewußtsein sich selbst als gut oder schlecht handelnd, dieses Bewußtsein wird somit selbst zu einer Regel des Handelns. Es war also jedenfalls eine dem Sinn der älteren stoischen Lehre wohl entsprechende Fortbildung, wenn in dem jüngeren Stoicismus συνείδησις oder conscientia im ethischen Sinne, im Sinne des Gewissens, gebraucht werden. So finden wir es schon bei Epiktet, falls dessen Fragm. 97 (ed. Schweighäuser Band III S. 98) wirklich ächt ist, dann bei Cicero (an vielen Stellen, z. B. ad Att. X 4. XII 28. XIII 20. de senect. III 9. Catilin. II 6. de leg. I 14, 40. pro Rosc. Amer. 24. de fin. II 22. Phil. II 44) und bei Seneca (ep. 12. 41. 43. 81. 97. 105. de benef. II 32. IV 11. de clem. I 1, 13. 15. dialog. VII 20. IX 3 u. A.).

Aus dem obersten Moralprincip der Stoiker ergeben sich dann ferner ihre Lehren über die in der griechischen Ethik herkömmlichen Begriffe des höchsten Gutes, der Lust und der Tugend. Das höchste Gut oder die Glückseligkeit besteht in nichts anderem als eben in dem natur- oder vernunftgemäßen Leben (Diog. L. VII 88. 94. Stob. Ekl. II 134. 138. Cic. de fin. III 7, 26. Sen. de vita beat. III 3), oder, da die Vernünftigkeit des Lebens, die Uebereinstimmung mit dem allgemeinen Weltgesetz die Tugend ist, so läßt sich also auch sagen, daß das höchste Gut und die Glückseligkeit wesentlich, ja ausschließlich in der Tugend bestehe (Diog. L. VII 30. 94. 101. Stob. Ekl. II 200. 138. Cic. Tuscul. II 25. 61. de fin. IV 16, 25. Senec. ep. 71, 4. 74, 1. 76, 11. 85, 17. 120, 3. 118, 10. de benef. VII 2, 1). Die Stoiker bestreiten es daher, daß irgend etwas, was mit der sittlichen Beschaffenheit des Menschen nicht in Zusammenhang stehe, ein Gut sei, sie erklären diese Dinge für Ἀbiaphora (Diog. L. VII 102 ff. Plut. de repug. Stoic. 31, 1. Stob. II 142. Sen. de vit. beat. 4, 3. ep. 30, 4. 66, 14. 82, 9. 87, 11 u. A.), denn diese äußeren Dinge seien schwankend, es könne unmöglich etwas zur Seligkeit des Menschen beitragen, was gar nicht in seiner Gewalt stehe (Sen. ep. 71, 18. 92, 14 u. A. Cic. Tusc. V 13. 18). Demgemäß kann es auch kein größeres Uebel geben als die Schlechtigkeit, denn, sagt Marc Aurel (IX 6), für ein λογικὸν πολιτικὸν ζῶον liege Tugend und Schlechtigkeit nicht in dem, was ihm wiederfährt (πεῖσις), sondern lediglich in seinem Thun (ἐνέργεια cf. Stob. II 188. Plut. de rep. Stoic. 12. Senec. de benef. VII 2, 1. de vita beat. 4, 3). Die Lust kann daher unmöglich ein Gut sein, sie ist vielmehr wesentlich mit der Tugend verbunden, aber nicht so, daß die Lust Selbstzweck wäre, oder die Tugend ein Mittel zu ihr, die Lust kann nur stets Folge der Tugend sein (ἐπιγεννήματα bei Diog. Laert. VII 94). Es ist also mit dem tugendhaften Handeln eine innere Befriedigung, mit dem unsittlichen eine innere Unseligkeit stets verbunden (cf. Chrysipp. bei Plut. de rep. Stoic. 15. Sen. ep. 23, 2. 27, 3. 72, 8 u. A. de vit. beat. 3, 4. 9, 1 u. A.). Damit ist die Bedeutung des Gewissens auch nach seiner anklagenden Seite von den Stoikern wohl erkannt, wennschon diese Seite bei ihrer auch dem Bösen gegenüber bestehenden Apathie nicht in dem Maße hervortreten konnte als vermöge der Gesammtstellung ihres Systems die gesetzgebende Thätigkeit des Gewissens.

In den Bestimmungen des Stoicismus über den Tugendbegriff ergibt sich aus seiner Psychologie, daß schon die Natur des Menschen zur Tugend führt, denn die Tugend ist lediglich bedingt durch den Besitz der Vernunft und gerade in diesem Besitz liegt die eigentliche Natur des Menschen. Näher wird dann die Tugend zunächst negativ bestimmt als die Freiheit von Affecten, als ἀπάθεια (Plut. de vita Hom. 134), und diese Seelenruhe ist eben auch wesentlich eine ethische, da eben die Affecte, als die vernunft- und naturwidrigen Gemüthsbewegungen, den Menschen zum Bösen hinleiten, sie sind Verfehlungen, die schließlich zur förmlichen Seelenkrankheit führen (cf. Diog. L. VII 110. 115. Plut. de virt. mor. 10. Stob. Ekl. II 36. 166. 182. Marc. Aur. II 5. Cic. Tusc. III 5, 10. 10, 23. 11, 24. IV 6, 11. 21, 47. 28, 60. Sen. ep. 75, 10). Die Ueberwindung der Affecte hat also ein befriedigtes moralisches Selbstbewußtsein zur Folge. Man beachte, wie auch hier der Determinismus durchbrochen wird, denn die Affecte müssen, wie dies auch ausdrücklich anerkannt wird (Cic. Ac. I 10, 39. Tusc. IV 7, 14. Stob. Ekl. II 109), in unserer Gewalt sein. Die Ueberwindung derselben, die in der stoischen Ethik eine so große Rolle spielt, und wesentliche Bestimmungen für ihr Idealbild des Weisen enthält, bildet also die negative Seite der Tugend. Nach der positiven Seite aber ist sie, wie schon erwähnt, die Unterwerfung der Vernunft unter das allgemeine Weltgesetz, und in Bezug auf das handelnde Subject die vernunftgemäße Selbstbestimmung (cf. Diog. L. VII 87 ff. Stob. Ekl. II 134). Dabei sind die Forderungen für das wirkliche Vorhandensein der Tugend sehr streng: sie entspringt nur — und das schließt die wesentliche Einheit der Tugend in sich — aus der sittlichen Gesinnung und Ueberzeugung; nur solche Gesinnung macht die Tugend zur Tugend, wie auch den Fehler zum Fehler; daher ist der gute Wille sittlich soviel werth wie die That und die böse Lust um nichts weniger strafbar als ihre Ausführung (Stob. Ekl. II 111 ff. 116. Diog. L. VII 125. Plut. de rep. Stoic. 27, 1. Cic. Ac. I 10, 38. Senec. de benef. II 31, 1. VI 11, 3). Damit ist aber auch ausgesprochen, daß die gute Handlung ihren Werth und ihren Lohn in sich selbst hat, also den Menschen an sich befriedigt. Da die Gesinnung nur entweder gut oder schlecht sein kann, und zwischen Tugend und Schlechtigkeit es keine Mitte gibt, so läßt auch der Werth der Handlungen keine Gradunterschiede zu, vielmehr: ἴσα τὰ ἁμαρτήματα καὶ κατορθώματα (Diog. L. VII 101. 120. 127. Stob. Ekl. II 116. 218. Plut. de rep. Stoic. 13, 1. Senec. ep. 66, 5 ff. 71, 18). Ein ebenso absoluter Gegensatz muß dann endlich auch für die Subjecte des ethischen Handelns bestehen: es gibt nur Weise und Thoren (Stob. Ekl. II 198. Diog. L. VII 127); jener besitzt alle Vorzüge, er ist alles Gute im höchsten Maße, er steht an Glückseligkeit dem Zeus nichts nach, dieser ist allein der böse und unglückselige (cf. Plut. de rep. Stoic. 13, 2. Stob. Ekl. II 196. 198. 124. Epikt. dissert. I 12, 26. encheir. 15. Senec. de provid. 1, 5. ep. 73, 13 ff. Cic. de nat. deor. II 61, 153. Tuscul. III 5, 10. Diog. L. VII 124). Daß zu den Thoren die Mehrzahl, ja eigentlich die Gesammtmasse der Menschen gehöre, mußte sich für den Stoiker von selbst verstehen, war doch die wesentlich ethische Richtung ihrer Philosophie auf Grund des allgemeinen Zeitverderbens entstanden, und es ist nicht zu verwundern, daß dem stoischen Tugendideal gegenüber die sittlichen Zustände seiner Zeit bei einem Seneca nur den bittersten Pessimismus hervorriefen. Andererseits war freilich das Tugendideal so ganz und gar abstract aufgestellt, daß sich die Stoiker zu mancherlei Modificationen und Abschwächungen, wie sie durch die Wirklichkeit erfordert wurden, herbeilassen mußten.*) Dadurch haben sie wohl zum Theil ihrem eignen System widersprochen, — wie besonders die Aufstellung des in der Wirklichkeit allein vorhandenen

---

*) cf. Ueber diesen Punkt Zeller: a. a. O. S. 237 ff. Feuerlein a. a. O. S. 173 ff.

Fortschrittes zur Weisheit den starren Unterschied zwischen Weisen und Thoren wieder verwischte (Stob. Ekl. II 236. Cic. de fin. IV 20, 56. Senec. ep. 75, 8 ff.) —, andererseits aber doch auch ein gewisses edles Streben, ihrem abstracten Tugendideal eine praktische Folie zu verleihen, an den Tag gelegt. Freilich, wenn man das dem aufgestellten Tugendideal großentheils keineswegs entsprechende praktische Leben der Stoiker selbst ins Auge faßt — huldigten doch viele in der Praxis dem krassesten Cynismus — so tritt das liebe Ich mit seinen Neigungen und Trieben als Beweggrund zu jener Abschwächung des Tugendideals doch sehr in den Vordergrund. Auch ist unstreitig viel manirirtes Wesen im Stoicismus, wenigstens im römischen, zu finden.

Trotzdem ist nicht zu verkennen, daß der Stoicismus eine hoch hervorragende Stellung unter den Systemen der antiken Philosophie einnimmt und gerade für unsere Frage ein fruchtbareres Feld darbietet als die bisherigen Systeme. Es war doch eine hochideale Aufgabe, die er sich gesetzt, in Zeiten des allgemeinen Verfalls die Fahne des sittlichen Strebens hochzuhalten, und es zeugte von ernster Beobachtung des Menschen, seiner sittlichen Anlagen und Bedürfnisse, daß bei dem Verschwinden der bisherigen sittlichen Norm im Staatsleben der Blick sich schärfte für die in dem Menschen liegende sittliche Norm. Diese Hervorhebung des gesetzgebenden Gewissens bildet den Fortschritt in der Geschichte des Gewissensbegriffes, den der Stoicismus gemacht hat, und er hat diese Seite des Gewissens auch begrifflich ausgesprochen. Bisher war keine Veranlassung gewesen, den Blick gerade nach dieser Seite der sittlichen Anlage zu richten, da der Einzelne seinen Halt hatte an der Gesammtheit im Staatsleben, dagegen war die strafende Seite des Gewissens schon in den bisherigen ethischen Systemen der Philosophie hervorgetreten: durch den Stoicismus wurde ein weiterer Schritt gethan zur Zusammenfassung all dieser verschiedenen Seiten, was freilich erst auf einem andern Boden erfolgen sollte. Aber daß der Stoicismus diesen Boden vorbereiten half, das zeigt sich noch in anderen Punkten, die mit jenem seinen Fortschritt im Gewissensbegriff aufs Engste zusammenhängen. Der Stoicismus hat in Folge der Durchbrechung der Völkerschranken durch Alexander den Großen gelernt, auch auf philosophisch ethischem Gebiet die Schranken zu brechen, welche bisher den Gewissensbegriff unmöglich machten. Er hat zum ersten Male den Begriff eines allgemeinen, für Alle an sich gültigen Sittengesetzes hervorgehoben, und mag auch die Darstellung desselben in der Theologie anthropomorphistisch genug sein (sie darf in diesem letzteren Punkte den Vergleich mit der jüdischen und auch christlichen Lehre wohl aushalten), sie hatten damit jenes Hemmniß für den Gewissensbegriff beseitigt, der in der Aufstellung besonderer moralischer Grundsätze für einzelne Stände, oder in der Eximirung eines Theils der Menschheit von moralischer Berechtigung bestand. So finden wir denn auch bei den Stoikern zum ersten Male den Begriff der Pflicht ($\kappa\alpha\vartheta\tilde{\eta}\kappa o\nu$ cf. Diog. Laert. VII 108), die eben in der Förderung des vernunftgemäßen Lebens besteht, d. h. darin, unseren individuellen Eigenwillen mit dem Willen des Sittengesetzes in Einklang zu setzen. Gegenüber diesem objectiven Sittengesetz mußten aber die Stoiker denn auch die für den Gewissensbegriff nothwendige wesentliche sittliche Gleichberechtigung aller Menschen hervorzuheben. Haben sie auch in der Politik bei Aufstellung ihres Staatsideals ebenso leeren Träumen nachgehängt wie bei ihrem Ideal des Weisen, so führte doch ihr mit dem ganzen System zusammenhängender Cosmopolitismus zu großen ethischen Wahrheiten: der Gegensatz zwischen Griechen und Barbaren mußte schwinden, und die Menschen sind von der Natur alle gleich, da sie alle an der Vernunft Theil haben (Epiktet begründet die Gleichheit aller Menschen damit, daß sie Söhne seien des Zeus und Brüder untereinander: dissert. 13, 3. cf. Senec. ep. 95, 52. Marc. Aur. IX 9. XII 30). Freilich zu einer reinen Durchführung dieser Grundsätze konnten sich die Stoiker auch noch nicht über den antiken Standpunkt erheben, — die Sclaverei z. B. haben sie, obwohl sie eine milde Behandlung der Sclaven empfehlen (cf. Senec. de benef. III 18—28. Cic. de off. I 13, 41), doch principiell nicht verworfen — aber sie haben doch vorbereitet, was sich dann erst im Christenthum vollendet hat, den Menschen als solchen aufzufassen in Pflichten und Rechten, eine Auffassung, ohne die der Gewissensbegriff von vornherein unmöglich ist.

Daneben dürfen wir freilich die Mängel des stoischen Standpunktes in Bezug auf unsere Frage nicht übersehen. Die Stoiker haben zwar von der reinen philosophischen Theorie wenig gehalten und ihrer Lehre einen durchaus praktisch=ethischen Charakter zu geben versucht, aber diese vorwiegend ethische Seite ihrer Philosophie wird ja eben selbst wesentlich eine bloße ethische Theorie, großartig in ihren Grundsätzen und edel in ihrem Streben, aber ohne praktische Durchführung in der Wirklichkeit. Die Zeichnung des stoischen Weisen trägt wesentlich die Züge der Allgemeinheit, die ethische Aufgabe für den Einzelnen und die Erfüllung derselben unter den geschichtlichen Bedingungen, unter die er gestellt ist, wird aus jenem Bilde nicht ersichtlich. So ist die ganze Geistesthätigkeit der Stoiker ein unbestimmtes Ringen und Suchen, ein fast wehmüthiger Ausdruck jener letzten Jahrhunderte der antiken Welt; diese Philosophen haben wohl hohe Ideen, aber sie sehen dieselben nirgends verwirklicht, am allerwenigsten in sich selbst, daher sie eben bei ihren Theorien nicht zugleich das Gewicht ethischer Persönlichkeiten in die Wagschale legen konnten, was allein ihren erhabenen Ideen eine Wirkung auf die Zeitgenossen hätte verschaffen können. Neben diesem klaffenden Zwiespalt im Stoicismus zeigt sich das unbestimmte Ringen und Streben noch in anderen Widersprüchen: wir sehen das unsichere Schwanken zwischen Determinismus und Indeterminismus, die Ausartung des ersteren in wirklichen Fatalismus und daneben doch die starke Betonung der persönlichen sittlichen Selbstbestimmung; wir sehen, wie das stoische Ideal dem wirklichen Leben zu Liebe wieder abgeschwächt wird; wir sehen die wesentlich negative Seite ihrer Ethik in der Apathie und daneben doch das Schwärmen für den Cosmopolitismus; diese Apathie richtet sich nicht weniger gegen die sinnlichen Triebe und Bedürfnisse und doch zeigt sich in der Wirklichkeit das gröbste sinnliche Laster; wir sahen endlich die Betonung der sittlichen Gleichheit aller Menschen in Rechten und Pflichten und daneben doch wieder den philosophischen Verstandesdünkel und die Anerkennung der Sclaverei (cf. Chrysipp bei Plut. de rep. Stoic. 13): bei solchem Schwanken und unbestimmtem Suchen konnte der Gewissensbegriff in seiner Allseitigkeit unmöglich erfaßt werden. Der Fatalismus legt jedes sittliche Selbstvertrauen des Menschen lahm, und ohne letzteres kommt das Gewissen gar nicht zu seiner vollen Wirksamkeit. Die Apathie ist apathisch auch dem Bösen gegenüber, denn da eben Alles dazu dienen muß, das Gesetz des Weltganzen zu verwirklichen, so ist auch das Böse eine Nothwendigkeit in der Harmonie des Weltganzen (Plut. de rep. Stoic. 35). Bei solch vornehmer Gleichgültigkeit gegen das Böse, die derselbe ohne Regung irgend eines Unwillens betrachten kann (wie sich besonders in den Monologen das Marc Aurel zeigt), dürfen wir uns nicht wundern, wenn das Gewissen in seiner richtenden Thätigkeit nicht empfunden und nicht erwähnt wird. Daß man in ihm überhaupt einen festen Halt gegen das Böse nicht in ausreichendem Maaße hatte, zeigt die tiefe Klage über das Verderben der Welt, das sich aussichtslos vor den Blicken der Stoiker aufthut, in dem kein Schimmer des Trostes und der Hoffnung winkt.*) Und überhaupt, nicht eine Apathie gegenüber den Forderungen der sittlichen Gemeinschaftskreise und der sinnlichen Seite des menschlichen Wesens kann die verschiedenen Thätigkeiten des Gewissens zur vollen Erkenntniß bringen, sondern vielmehr ein volles Eintreten und Wirken in jenen, ein Eingehen auf die natürlichen sinnlichen Bedürfnisse und Triebe des Menschen, um sie als Mittel höheren ethischen Zwecken dienstbar zu machen. Endlich muß, soll die Darstellung des Gewissensbegriffes nicht auf halbem Wege stehen bleiben, Ernst gemacht werden mit der Gleichheit der Menschen in ihren sittlichen Rechten und Pflichten, während gerade hier der Stoicismus sich nicht consequent blieb, um die Schranke des antiken Standpunktes zu durchbrechen. Sie vermochten trotz ihres Strebens doch dem Werth der Persönlichkeit nicht gerecht zu werden, der Einzelne geht auch hier wieder auf in der Fluth der Gesammtheit; in dieser Gesammtheit werden alle natürlichen eigenthümlichen Unterschiede verwischt, sie schmilzt den Stoikern zu einer unorganischen Masse zusammen, während doch gerade in Verwerthung der natürl. Eigenthümlichkeiten und verschiedenen Ordnungen im Völkerleben die höheren geistigen Aufgaben gelöst werden sollen.

VI. Der Epikureismus.

Mit der Untersuchung über das Vorkommen des Gewissensbegriffes im Stoicismus ist unsere Aufgabe innerhalb des ihr gesteckten

---
*) cf. Baur: Seneca und Paulus (Zeitschrift für wissenschaftl. Theologie I S. 190 ff.)

Rahmens im Wesentlichen erschöpft, denn die noch übrig bleibenden
Systeme der griech. Philosophie bieten entweder für unsre Untersuchung
so wenig Anhaltspunkte dar oder sind, wie die jüngsten Schulen, so
von fremden ungriechischen Einflüssen durchdrungen, daß wir uns
darüber jedenfalls kürzer fassen können.

Die epikureische Philosophie zunächst steht trotz ihres scharfen
Gegensatzes gegen die stoische doch mit dieser letzteren auf demselben
Boden und bildet nur einen weiteren Schritt in der Linie der nacharistotelischen Philosophie. Der Gesammtcharakter der letzteren liegt
wesentlich im Ueberwiegen der praktischen Philosophie, der Ethik,
aber die Epikureer gehen noch weiter in der Verachtung der logischen
und metaphysischen Untersuchungen, wodurch denn auch ihre Ethik ein
noch ausgeprägteres subjectives Gepräge erhält, und zwar so, daß
das Subject nicht nur aus dem Zusammenhang mit der ethischen
Gemeinschaft, wie sie im Staat gegeben war, herausgerückt wird, sondern
auch aus dem Zusammenhange einer sittlichen Weltordnung, welch
weiterer Kreis den Stoikern an Stelle des engeren im Staate trat,
nachdem die sittliche Ordnung des letzteren geschwunden war; es war
darum den Stoikern die Unterwerfung unter die Gesetze des Ganzen
das Mittel, um das Ziel des ethischen Handelns zu erreichen, und
das war nur möglich, wenn sie den Einzelnen als einen Theil des
Ganzen betrachteten und die sittlichen Gesetze, die das Ganze durch-
bringen, im Bewußtsein des Einzelnen als vorhanden wahrnahmen.
Der Epikureismus dagegen konnte in der Auflösung der antiken Völker-
welt den Blick für das Ganze nicht gewinnen, ihm blieb in dieser
Auflösung nichts übrig als das einzelne Individuum, das in dem
Zusammenhang des Weltmechanismus kein andres Streben hat, als
das eigene individuelle Wohlbefinden oder die Lust. Für diese Lust,
darin allein die höchste Glückseligkeit zu suchen ist, besteht aber kein
über dem individuellen Gutdünken stehendes objectives Kriterium der
Wahrheit, sondern das individuelle Empfinden selbst. Dies ergibt
sich einfach aus der sensualistischen Grundlage der epikureischen
Ethik. Das Kriterium der Wahrheit für unser Erkennen ist in theo-
retischer Hinsicht die Wahrnehmung ($\alpha\iota\sigma\vartheta\eta\sigma\iota\varsigma$); nur unsern Sinnen
können wir glauben, der Vernunfterkenntniß ganz und gar nicht, da
diese aus der sinnlichen erst abgeleitet ist (cf. Diog. Laert. X 31. Cic.
Acad. II 46, 142). Daher ist das Zeugniß der Sinne auch der
einzige Maaßstab dafür, ob eine Meinung, die wir in unserer Vorstellung haben, wahr oder falsch ist, da die Vorstellung ja nur aus
der Sinneswahrnehmung entsteht, als eine im Gedächtniß haftende
Zusammenfassung des Wahrgenommenen; wenn die Meinung von der
Sinneswahrnehmung bestätigt oder nicht widerlegt ist, so ist sie wahr,
andernfalls falsch (Diog. L. X 33. 34). Dieser Erkenntnißtheorie
entspricht für das praktische Verhalten, daß hier die Gefühle der Lust
und Unlust, die $\pi\alpha\vartheta\eta$, als Kriterium der Wahrheit aufgestellt werden
(Diog. L. X 34). Das im ethischen Sinn Wahre oder Falsche können
wir also auch nur erkennen nach dem Kriterium der Lust oder

Unluft: was uns Luft bereitet, ist wahr, was nicht, ist falsch. Wie damit die Erkenntnißtheorie auf die alte protagoreische Weisheit hinauskommt, daß aber jedem Einzelnen das wahr ist, was ihm als wahr erscheint, so ist auch auf ethischem Gebiet jeder objective Halt für das Wahre und Falsche verloren. Zu einem die Welt durchdringenden göttlichen Gesetze kann dieser Halt nicht liegen, denn die Welt wird von den Epikureern nach Demokrits Vorgang rein mechanisch erklärt, und ihre ganze physikalische Untersuchung hat den ausgesprochenen Zweck, den Irrwahn einer teleologischen Weltansicht und den Aberglauben, als ob die Welt von Göttern regiert werde, zu beseitigen (cf. Diog. Laert. ib. 38 ff. 76 ff. 82. 85. 112. Lucr. de rer. nat. I 1020 ff. V 156 ff. Plut. de plac. phil. I 7, 7. ne suav. vivi posse sec. Epic. decr. VIII). Eben so wenig hat es irgend eine ethische Beziehung, wenn auch bei den Epikureern der Mensch himmlischen Ursprungs ist, es soll damit nur gesagt sein, daß er jenen feinen ätherischen Stoff, der die Seele bildet, in sich trage (Diog. ib. 63. Lucr. de rer. nat. II 991. 999 ff.). Zwar unterscheiden die Epikureer dann auch zwischen vernünftigem und vernunftlosem Seelentheil, aber eine Herrschaft des erstern im ethischen Sinne tritt bei ihnen ganz zurück (Diog. L. ib. 66. Lucr. III 94. 136. 396. 613. Plut. de plac. phil. IV 4, 3). Es wird dazu noch versichert, daß die sittlichen Gesetze dem Menschen keineswegs angeboren seien, sondern sie seien aus der Einsicht in das der menschlichen Gesellschaft Nützliche hervorgegangen*) eine Ansicht, die ganz an die Darwin'sche über die Entstehung der Moral durch Fixirung der im Kampf ums Dasein günstigen Verhältnisse erinnert. Damit sind die moralischen Gesetze, deren Vorhandensein sie wohl anerkennen müssen, ganz wandelbar, denn unter anderen Umständen kann ja etwas Anderes für die menschliche Gesellschaft nützlich sein und also Sittengesetz werden. So hat dies letztere sich nach den Menschen zu richten, nicht der Mensch nach ihm, jenes ist nicht an und für sich gültig, sondern nur soweit es dem Menschen genehm ist. Es war nur consequent, wenn dieser Maaßstab der Gültigkeit von den Epikureern auch an das rechtliche Leben im Staat angelegt wurde: Die Gesetze sind um der Weisen willen gemacht, damit diesen kein Unrecht zugefügt werde, und ihre

---

*) cf. Diog. L. X 150: τὸ τῆς φύσεως δίκαιον ἐστι σύμβολον τοῦ συμφέροντος εἰς τὸ μὴ βλάπτειν ἀλλήλους μηδὲ βλάπτεσθαι. — cf. Porphyrii de abstin. ab esu animal. I 8 (ed. Jac. de Rhoer pag. 11 ff.), wo als Lehre der Epikureer mitgetheilt wird: οὐδὲν γὰρ ἐξ ἀρχῆς βιαίως κατέστη νόμιμον, οὔτε μετὰ γραφῆς οὔτε ἄνευ γραφῆς τῶν διαμενόντων νῦν καὶ διαδίδοσθαι πεφυκότων. ἀλλὰ συγχωρησάντων αὐτῷ καὶ τῶν χρησαμένων· φρονήσει γὰρ ψυχῆς, οὐ ῥώμῃ σώματος καὶ δυναστευτικῇ δουλεύσει τῶν ὄχλων διήνεγκαν οἱ τὰ τοιαῦτα τοῖς πολλοῖς εἰσηγούμενοι. καὶ τοὺς μὲν εἰς ἀπολογισμὸν τοῦ χρησίμου καταστήσαντες ἀλόγως αὐτοῦ πρότερον αἰσθανομένους καὶ πολλάκις ἐπιλανθανομένους, τοὺς δὲ τῷ μεγέθει τῶν ἐπιτιμίων καταπλήξαντες. — εἰ δὲ πάντες ἐδύναντο βλέπειν ὁμοίως καὶ μνημονεύειν τὸ συμφέρον, οὐδὲν ἂν προσεδέοντο νόμων. ἱκανὴ γὰρ ἡ τοῦ χρησίμου καὶ βλαβεροῦ θεωρία, τῶν μὲν φυγὴν παρασκευάσαι, τῶν δὲ αἵρεσιν. — cf. Jakob Bernays Theophrast's Schrift über die Frömmigkeit S. 8 ff.

Uebertretung ist nur deßwegen zu vermeiden, weil sonst die ewige Furcht vor Entdeckung und Strafe uns quält (Diog. L. ib. 150 ff. Stob. Floril. 43, 139. Lucr. de rer. nat. V 1149 ff. Plut. adv. Colotem 34. Senec. ep. 97, 13). Zeigt sich in dieser Aeußerung wie in der ähnlichen, daß die Gerechtigkeit zu pflegen sei, um ohne Furcht vor Göttern und Menschen leben zu können (cf. Diog. L. ib. 144. Cic. de fin. I 16, 50. Plut. ne suav. vivi p. sec. Epic. decr. VI), zeigt sich darin auch eine Spur des anklagenden Gewissens, so liegt doch gerade hierin wieder ein Beweis, wie wenig das Gesetzgebende zum Bewußtsein gekommen war, da ja eben nicht um des Rechts und der Gerechtigkeit, sondern um seines individuellen Vortheils willen die Beobachtung der Gesetze empfohlen wird.

Dieses Alles beherrschende Rücksicht auf das individuelle Wohlbefinden zeigt sich überhaupt in dem Grundprincip der epikureischen Ethik, dem der Lust. Τὴν ἡδονὴν ἀρχὴν καὶ τέλος λέγομεν εἶναι τοῦ μακαρίως ζῆν, berichtet uns Diogenes Laertius von Epikur (X 128 ff. cf. Cic. tusc. V 26,° 73. de fin. I 9, 29), und die Begründung für jenen Satz liegt darin, daß allein die Lust das für jedes Wesen einzig naturgemäße Gut sei, denn von ihr werde unser ganzes Streben in Bewegung gesetzt und zu ihr gehe es hin, indem wir nach dem Kanon der Empfindung jedes Gut beurtheilen. In der Lust allein besteht also die höchste Glückseligkeit. Die Lust selbst aber besteht wesentlich negativ in der Schmerzlosigkeit (Diog. L. X 128. 139), positiv nicht sowohl in den körperlichen Genüssen, als vielmehr in der Ruhe des Gemüths oder der Ataraxie. Aber diese Ruhe ist nicht etwa das befriedigende Bewußtsein eines sittlichen Handelns, letzteres bleibt dabei ganz außer Betracht, sondern die geistige Lust ist nur deßwegen die bessere und vorzuziehende, weil sie allein rein und unvergänglich ist. Die Epikureer verachten die sinnliche Lust nicht, ob sie ist von kurzer Dauer und bringt vielerlei Störung mit sich, jene dagegen ist nicht dem Wechsel des Augenblicks unterworfen. Also auch hier wieder ist das Anzustrebende nur um der persönlichen Annehmlichkeit willen empfehlenswerth, nur letzteres ist's, was die Lust zur Lust macht; so ist es „nicht ihr Inhalt — einen solchen lernen wir überhaupt gar nicht kennen —, sondern nur das Formelle der größeren Festigkeit und Stärke, was die geistige Lust oder Unlust auszeichnet". Und wenn daher diese Lust den Menschen gegen den äußeren Schmerz in dem Gedanken, daß die schweren Schmerzen bald aufhören oder unserem Leben ein Ende machen, die leichten aber die Lust überhaupt nicht ausschließen, so „ist es also nicht eine der Sinnlichkeit sich entgegenstemmende geistige Kraft, sondern nur die richtige Erkenntniß der sinnlichen Zustände und Wirkungen, die uns den Sieg über den sinnlichen Eindruck verschaffen soll" (Zeller). Auf Grund solcher ethischer Principien werden wir uns nicht wundern, wenn die Epikureer die Tugend zu einem Mittel für die Lust herabsetzen. Den Stoikern war die Tugend Selbstzweck, dagegen von Epikur wird die Tugend empfohlen, weil ihre

Erfüllung Lust bereitet, nämlich die Befreiung von Unruhe und Furcht, während die Nichtbeachtung der Tugend uns diesen Uebeln anheimfallen läßt (Diog. L. X 138. Cic. de fin. I 13, 42. Sen. ep. 85, 18. Plut. adv. Colotem XVII). So zeigt es sich in der ganzen epikureischen Ethik: das Kriterium der sittlichen Wahrheit sind keine objectiv giltige Normen, die über dem Menschen und seinem persönlichen Gutdünken stehen, denen er sich zu unterwerfen hat, sondern jenes Kriterium liegt in den πάϑη, in der individuellen Lust oder Unlust. Somit ist für den Gewissensbegriff in diesem System kein Raum, der Epikureismus zeigt eine völlige Entleerung all der Normen, an denen das sittliche Leben der antiken Welt seinen Halt hatte, und es ist leicht erklärlich, wie die Vertreter dieses Systems in so übeln Ruf kommen konnten: trifft dies auch gewiß den Epikur selbst nicht, so war es doch nur zu erklärlich, nach welcher Seite in jener Zeit einer allgemeinen Corruption die Mehrzahl seiner Schüler das Kriterium der individuellen Lust geltend machte, und einen Vorwurf konnte man deßwegen nach dem Princip selbst gegen sie nicht erheben.

VII. Die hellenistische Philosophie.

Ebenso wenig Ausbeute bieten für unsere Untersuchung die jüngsten Systeme der griechischen Philosophie, die, wenn sie auch im Anschluß an Plato die Herrschaft der Vernunft im Menschen behaupten, doch durch ihre ascetische Ethik das Bewußtsein von der Thätigkeit des Gewissens unmöglich machten. Es war nun eine Zeit eingetreten in der Entwicklung der antiken Welt, wo auch der letzte Halt sittlichen Strebens, den man in dem irdischen Leben hätte suchen können, geschwunden war. Nach dem Zusammenbruch des Staatslebens hatte sich im Stoicismus der Blick nach Innen gerichtet, wo für das Individuum Normen des sittlichen Lebens vorhanden sind; aber nur zu bald zeigte es sich, daß mit der Beobachtung dieses innern Haltes, mit der Werthschätzung des Individuums die antike Welt ihren eigenthümlichen Charakter schon verlassen hatte, daher konnte diese Richtung einen weiteren Einfluß auf die Gesammtheit nicht ausüben, die Vertreter dieser Richtung konnten vor den wechselvollen Anforderungen des praktischen Lebens ihre Lehre selbst nicht bewähren, sie standen dem Leben in stolzer Zurückgezogenheit gegenüber und mußten, auf das allgemeine Verderben hinblickend, bei dem Pessimismus ankommen. Während da nun andere sich dem sinnlichen Lebensgenuß hingaben, wohin sollten die tieferen Naturen, denen die Lusttheorie des Epikureismus nicht genügen konnte, hinflüchten? Es blieb nichts mehr übrig als die übersinnliche Welt, die Gottheit; dort wollte man mit der Macht des beschaulichen Denkens finden, was dem logischen Denken versagt zu sein schien, daher die völlige Erhebung über die sinnliche Welt und eine Lostrennung von ihren Ansprüchen, eine Richtung der Ethik, die in dem Philosophenideal eines Plato und Aristoteles, in der Askese des Pythagoreismus, sowie in dem apathischen Weisen des Stoicismus

ihre Vorläufer und Anknüpfungspunkte hatte. Wenn so in den jüngsten
Systemen der griechischen Philosophie der Entwicklungsgang der letzteren
sich wohl fortsetzt, so ist doch auch die starke Aufnahme orientalischer
Elemente wohl erklärlich: eben weil ein allgemeines Gefühl der Ermat=
tung und des Unbefriedigtseins mit dem eigenen Wesen im Griechen=
thum eingetreten war, mußte man sich nach fremder Hülfe umsehen,
und in dem Drang nach der in der übersinnlichen Welt, in der Gott=
heit verborgen liegenden Wahrheit boten die mystischen Religionsculte
des Orients und dessen Betonung der Transcendenz in der Gottesauf=
fassung, sowie endlich seine Hinneigung zur Askese, die willkommensten
Anhaltspunkte dar.

In Bezug auf die Erkenntniß und Verwerthung des Gewissens
in diesen Philosophenschulen finden wir Einiges, das aus der Anlehnung
an die früheren Systeme sich ergibt. So wird in der neupythagore=
ischen Anthropologie die Seele ein δαίμων genannt (Stob. Ekl. I 100),
und es wird geredet, ähnlich wie in der Mythologie, von den δαίμονες,
die das Unrecht und den Frevel bestrafen (Stob. Floril. 44, 40:
[ed. Meineke II pag. 18, 4] ὡς ἀπαντώσης νεμέσεως παρὰ δαιμόνων
ἐξοικιστῶν καὶ ἐχθροποιῶν. cf. Diog. Laert. VIII 105). Die
Schlechtigkeit, heißt es in der neupythagoreischen Ethik, mache stets an
sich unglücklich, wenn auch freilich die entgegengesetzte Wirkung der
Tugend keineswegs zugeschrieben wird, da eben der Mensch auch ein
sinnliches Wesen ist (Stob. Floril. 1, 70—72. 76—79. ed. Meineke
I S. 28 ff. Ekl. I 856). In der Tugend selbst unterscheiden die
Neupythagoreer nach Aristoteles dianoetische und ethische Tugenden,
und bei ihnen bestehen die letzteren in der Beherrschung der Affecte
durch die Vernunft (Stob. Floril. 1, 64, 68 ff. 77. ed. Meineke I S.
18. 25. 33).

Bei Philo und sodann bei den Neuplatonikern begegnet uns als
Grundprincip des Systems in Anknüpfung an Plato die Unterwerfung
des sinnlichen Lebens mit all seinen Trieben und Affecten unter die
Vernunft, mit welchem besonderen Ausdrucke dies denn auch von den
Verschiedenen bezeichnet werden mag. Die Seele ist als Ausfluß der
Gottheit in den Menschenleib eingegangen, daher ihr höchstes Streben
darin bestehen muß, sich von letzterem loszuringen und zur Gottheit zu
erheben. Daß darin für jene Philosophen ebenso wie für Plato eine
Thätigkeit des Gewissens sich vollzogen hat, auf Grund deren als einer
in der Menschennatur vorhandenen Thatsache jene Philosopheme gebil=
det wurden, haben wir oben bei Plato erörtert und wollen es hier
nicht wiederholen; aber obwohl der im Staatsleben wurzelnde Stand=
punkt der antiken Ethik jetzt ganz verlassen war, so machten sich doch
andere eigenthümliche Hemmnisse geltend, welche das Bewußtsein von
der inneren, den Menschen über die sinnliche Welt erhebenden sittlichen
Instanz nicht aufkommen ließen, wenigstens nicht in voller Klarheit.
Bei Philo finden sich wohl noch einzelne directe Aussagen über das
Gewissen, sowohl das gesetzgebende, das mit seinen Zügeln uns leite
(de eo quod det. pot. 196), als auch das anklagende, durch das der

Mensch seines Unrechts überführt werde (de Jos. 49). Dagegen im Neuplatonismus haben wir nur indirecte Anhaltspunkte dafür, daß auch hier die Macht des Gewissens zum Bewußtsein gekommen war: denn wenn nach der subjectivistischen Grundlage des Systems, die der Neuplatonismus mit der gesammten nacharistotelischen Philosophie theilt, die Vereinigung mit der Gottheit durch Einkehr in das Innere erreicht wird, wenn die Seele das Höhere und das Niedere durch Selbstanschauung am besten erkannt (Plot. Ennead. IV 8, 1. V 5, 7. cf. Die Citate bei Zeller a. a. O. III 2 S. 360 u. 381), so liegt also damit in der Seele selbst die Entscheidung über die Wahrheit oder Unwahrheit des sittlichen Strebens. Das Wort von den zwei Seelen, die in unserer Brust wohnen, muß im Zusammenhange des neuplatonischen Systemes sich von selbst ergeben und findet sich öfters bei Plotin (z. B. Ennead. VI 7, 5. I 1, 10). Die angenehme Empfindung der Lust entsteht bei dem normalen Verhältniß einer Vereinigung des Körpers mit der Seele, die unangenehme des Schmerzes bei einer Lostrennung des ersteren von der letzteren (Ennead. IV 4, 18. 19, 1 ff.). Die Verantwortlichkeit für seine Handlungen, sagt Plotin, trägt jeder selbst, und deßwegen ist er auch ein entschiedener Vertheidiger der Willensfreiheit (En. II 3, 9. IV 4, 39. III 1, 7).

So sehr derartige Aussprüche für sich genommen an den Gewissensbegriff anklingen, so entfernen sie sich doch wieder sehr von ihm, wenn man sie im Zusammenhange des ganzen Systemes betrachtet. Die Aussagen über die doppelte Seele in uns sind eben Aussagen der metaphysischen Speculation, ethische Beziehungen liegen zunächst nicht darin und von der Anwendung auf einzelne ethische Verhältnisse des praktischen Lebens ist dabei keine Rede. Die Entstehung der Lust oder Unlust wird in ihrer Beziehung zum guten oder bösen Gewissen hinfällig durch den inneren Widerspruch, in welchen die Aussagen darüber sich verwickeln: die Zustände der Lust und Unlust sind nur im Leib und dem animalischen Lebensprincip, die Seele wird von jenen Zuständen nicht berührt, sie ist ja absolut leidenslos, und doch soll sie es andererseits wieder allein sein, welche diese Zustände wahrnimmt. In Bezug auf die Willensfreiheit ferner wird der schon bei Plato vorhandene Widerspruch, daß das Böse zugleich selbstverschuldet und doch unfreiwillig sein soll, bei den Neuplatonikern noch verstärkt durch die Aussage, daß die Freiheit eigentlich nur in der reinen Vernunftthätigkeit ihren Sitz habe, die als solche doch über allem Handeln steht (Enn. VI 8, 5). Hier tritt es eben deutlich zu Tage, was das ganze System kennzeichnet, daß das Bewußtsein von einer in uns liegenden ethischen Norm nicht aufkommen konnte, da das praktische ethische Leben, auf welches dieselbe ihre Anwendung finden könnte, von vornherein zurücktritt. Dies brachte ja auch schon die ganze Stellung dieses Systemes in der Entwicklung der griechischen Philosophie mit sich. Das Vertrauen auf den inneren Halt war eben auch geschwunden, es war eine Verzweiflung an der eigenen menschlichen Kraft eingetreten, deßwegen suchte man gerade durch eine außer uns liegende

Hülfe die Wahrheit und das Heil zu erlangen. So war es von vornherein durch die ganze Stellung des Systemes bedingt, daß man den Blick von der Gewissensthatsache wegwenden mußte. Aber dies ergab sich auch noch aus andern Gründen. Der Dualismus des neuplatonischen Systemes ist ein metaphysischer, apriorischer; das Ziel einer Vereinigung mit der Gottheit muß sich da als eine Unmöglichkeit herausstellen, und der Mangel an Selbstvertrauen wird durch die philosophische Speculation nur noch verstärkt. Das Ziel, in dem die Rettung gesucht wird, die ekstatische Erhebung zur Gottheit, zerstört dann gerade das Gebiet, auf welchem das Gewissen seine Macht entfalten könnte, nämlich das praktische sittliche Handeln. Zugleich aber, da diesem letzteren gar kein Werth zuerkannt wird, erhebt sich auch hier wieder die in der gesammten Ethik hervortretende Geistesaristokratie, denn nur der Philosoph, der Theoretiker vermag sich ganz und völlig in's Uebersinnliche zu erheben und das höchste Ziel der Vereinigung mit der Gottheit durch die Ekstase zu erreichen.